Joseph R. Morgan

EXPRESSÕES IDIOMÁTICAS

Décima Segunda Edição

Atualizada e Revisada

EXPRESSÕES IDIOMÁTICAS

ENGLISH-PORTUGUESE

Aqui você encontra, o que jamais encontrou nos dicionários inglês-português: mais de 3.100 EXPRESSÕES IDIOMÁTICAS rigorosamente atualizadas. Corretamente usadas na vida diária e nos órgãos de comunicação, (como revistas, jornais, CINEMA, romances e textos técnicos)

À
Minha Amiga Nélia e a
Joseph R. Morgan Jr.

À
Memória da minha mãe Stella.

NOTA DO AUTOR:

Já foram elaborados no Brasil diversos dicionários de inglês-português.

Entretanto, através de minha longa experiência e larga visão como professor de inglês, tradutor, revisor de textos técnicos e políticos, tradutor de filmes americanos adaptados para TV, tenho constatado que, embora exista no mercado um farto material de inglês-português, "The Gap goes on", ou seja, a falha persiste.

Além disso, jamais foi levado a sério um trabalho sobre EXPRESSÕES IDIOMÁTICAS. O que há no mercado são dicionários inglês-português, alguns de um bom nível, porém, como uma expressiva maioria encontra-se muita coisa, como dicionários e livros ora obsoletos, que foram simplesmente reeditados e nunca atualizados, o que seria lógico, dada a dinâmica da língua inglesa.

A língua inglesa, mais precisamente o inglês ameriacano, (tal como o português falado no Brasil), é de uma dinâmica incrível, com um potencial em vocabulário de 75.000 palavras, (segundo a revista TIME), número este duas vezes e meia superior ao vocabulário português, francês e latim, (segundo a revista EXAME, ed. Abril).

No inglês moderno, falado e escrito, tal como em jornais, revistas, livros de ficção, cinema e mesmo nos textos técnicos, as expressões idiomáticas são uma realidade inegável.

E observando a falta no mercado de inglês-português, em se tratando de um trabalho de apoio ao estudante de inglês, elaborei este trabalho, onde tentei aproximar-me ao máximo do desprendimento e liberdade de expressão da linguagem atual.

Quando concluí este trabalho e o apresentei aos meus amigos e estudantes de inglês, todos foram unânimes em sugerir sua publicação, a fim de que um número maior de pessoas pudesse ter acesso ao mesmo.

J. R. Morgan

DO AUTOR:
BLOW-UP
(Dicionário de Expressões Idiomáticas
Português-Inglês)

**Método de inglês - MORGAN - em 3 volumes e
8 fitas cassettes**

Inglês - Viagem

Diálogos em Inglês

Inglês - Conversação

**Método de inglês - MORGAN - em 3 volumes e
2 fitas de vídeo**

Fale Inglês

SEM DÚVIDAS COM A PRONÚNCIA

Visando facilitar seus estudos de inglês, esta obra encontra-se gravada em 3 fitas-cassettes de 60 minutos em inglês Norte-Americano, que desta forma, facilitará e aperfeiçoará seus estudos de inglês.

Envie o pedido de suas fitas-cassettes à
MORGAN'S School of Languages
Catanduva - SP – Fone:(0175) 22-8043
Caixa Postal 117 – CEP 15800

A BARGAIN IS A BARGAIN.
Trato é trato.

A CLOSED MOUTH CATCHES NO FLIES
Em boca fechada não entra mosca.

A COLD HAND, A WARM HEART.
Mãos frias, coração quente.

A FRIEND IN NEED IS A FRIEND INDEED.
Na necessidade é que se conhece o amigo.

A GOOD WAY.
Um bom pedaço (de distância).

A GREAT MANY.
Muitíssimo.

A LITTLE BIT.
Um pouquinho.

A LOT BETTER.
Muito melhor.

A LOT LESS.
Muito menos.

A LOT WORSE.
Muito pior

A MAN CAN DIE ONLY ONCE.
Imprevistos sempre acontecem.

A MOMENT AGO.
Neste instante.

A PENNY FOR YOUR THOUGHTS?
Em que está pensando?

A SHORT TIME AGO.
Há pouco tempo.

A SOUND MIND IN A STRONG BODY.
Mente sã em corpo são.

A STITCH IN TIME SAVES NINE.
Um passo dado a tempo vale por nove.

A WHILE AGO.
Há pouco, ainda agora.

A WORD TO THE WISE IS SUFFICIENT.
Para bom entendedor, meia palavra basta.

ABOVE ALL.
Antes de tudo.

ABSENCE MAKES THE HEART GROW FONDER.
Longe dos olhos, perto do coração.

ABSOLUTELY NOT.
Em absoluto.

ACCIDENTS WILL HAPPEN.
Acidentes sempre acontecem.

ACCORDING TO CIRCUMSTANCES.
De acordo com as circunstâncias.

ACT YOUR AGE.
Não seja infantil.

ACTIONS SPEAK LOUDER THAN WORDS.
Fatos e, não palavras.

ADMISSION FREE.
Entrada franca.

AFTER YOU.
Tenha a bondade (de passar).

AGAIN AND AGAIN.
Repetidas vezes.

AGREED.
De acordo

ALAS
Ai de mim.

ALIVE AND KICKING.
Bem vivo; bem vivo.

ALL ALONG.
Desde o início.

ALL ABOARD.
Embarquem.

ALL AT ONCE.
De repente.

ALL BEGINNINGS ARE DIFFICULT.
Todo início é difícil.

ALL CHANGE.
Baldeação

ALL DAY LONG.
O dia todo.

ALL GOOD THINGS MUST COME TO AN END.
Tudo que é bom dura pouco.

ALL HELL WILL BREAK LOOSE.
Vai ser o diabo.

ALL HOPE IS GONE.
Foram-se todas as esperanças.

ALL IN GOOD TIME.
Tudo no seu devido tempo.

ALL IS FAIR IN LOVE AND WAR.
Guerra é guerra.

ALL IS WELL THAT ENDS WELL.
Bom é o que bem acaba.

ALL JOKING ASIDE.
Falando a sério

ALL MY EFFORT WENT DOWN THE DRAIN.
Todo meu esforco foi em vão.

ALL NIGHT LONG.
A noite toda.

ALL OF A SUDDEN.
De repente.

ALL OF IT.
Tudo.

ALL OF US.
Todos nós.

ALL OR NOTHING.
Tudo ou nada.

ALL OVER THE WORLD.
No mundo inteiro.

ALL RIGHT.
Está bem; tudo bem.

ALL SET?
Tudo pronto?

ALL SOLD OUT.
Lotado.

ALL THAT GLITTERS IS NOT GOLD.
Nem tudo que reluz é ouro.

ALL THE BEST.
Tudo de bom.

ALL THE BETTER.
Melhor ainda.

ALL THE TIME.
O tempo todo.

ALL THE WORSE.
Pior ainda.

ALL YEAR ROUND.
Durante todo o ano.

ALLOW ME.
Permita-me.

ALMOST ALL.
A quase totalidade.

ALONE AT LAST.
Enfim sós.

ALWAYS BEAR IT IN MIND.
Sempre o tenha em mente.

AMAZING!
Impressionante!

AM I NOT RIGHT?
Não tenho razão?

AND HOW!
E como! Lógico!

NOW THIS!
Mais essa!

ANOTHER DAY.
Outro dia.

ANY MESSAGE?
Algum recado?

ANY MOMENT NOW.
A qualquer momento.

ANY PORT IN A STORM.
Quem foge não escolhe caminho.

ANYBODY ELSE?
Mais Alguém?

ANYBODY HOME?
O de casa!

ANYTHING BUT THAT.
Tudo, menos isso.

ANYTHING ELSE?
Mais alguma coisa?

ANYTHING GOES.
Vale tudo.

ANYTHING NEW?
Alguma novidade?

ANYTHING WILL DO.
Qualquer coisa serve.

ANYTHING WRONG?
Algum problema?

ANYTHING YOU LIKE.
O que você quiser.

ANYTHING YOU SAY.
É você quem manda.

ANY TIME YOU LIKE.
Quando você quiser.

ARE YOU ALL RIGHT?
Você está bem?

ARE YOU GOING OUT?
Você vai sair?

ARE YOU LEAVING?
Você já vai?

ARE YOU QUITE SURE?
Você tem absoluta certeza?

ARM IN ARM.
De braços dados.

AS A CHILD.
Quando criança.

AS A LAST RESORT.
Em último recurso.

AS A REMINDER.
Como um lembrete.

AS A RULE.
Via de regra.

AS I CAN.
O melhor que eu puder.

AS FAR AS I AM CONCERNED.
Quanto a mim.

AS FAR AS I KNOW.
Segundo me consta.

AS I SEE IT.
A meu ver.

AS IF BY MAGIC.
Como por encanto.

AS LITTLE AS POSSIBLE.
O mínimo possível.

AS MUCH AGAIN.
Outro tanto.

AS MUCH AS POSSIBLE.
O máximo possível.

AS MUCH AS THAT?
Tanto assim?

AS MUCH AS YOU PLEASE.
Tanto quanto você quiser.

AS NEVER BEFORE.
Como nunca.

AS OF NOW.
De agora em diante.

AS SOON AS I CAN.
Tão logo eu possa.

AS SOON AS POSSIBLE.
O quanto antes.

AS QUICKLY AS POSSIBLE.
O mais rápido possível.

AS THE STORY GOES.
Segundo comenta-se.

AS THINGS STAND.
No pé que estão as coisas.

AS TIME GOES BY.
A medida que o tempo passa.

AS USUAL.
Como de costume.

AS YET.
Até agora.

AS YOU LIKE.
Como quiser.

AS YOU PLEASE.
Como você quiser.

AS YOU SAY.
Como quiser.

AS YOU WISH.
Como quiser; como desejar.

ASK AND YOU WILL FIND OUT.
Quem tem boca vai à Roma.

AT A DISCOUNT.
Com desconto.

AT A GLANCE.
De relance.

AT A LOSS.
Com prejuízo.

AT ALL COSTS.
A todo custo.

AT ALL HOURS.
A toda hora.

AT ANY EXPENSE.
A qualquer custo.

AT ANY MOMENT.
A qualquer momento.

AT ANY RATE.
Custe o que custar; de qualquer jeito.

AT ANY RISK.
A todo risco.

AT ANY TIME.
A qualquer hora.

AT AUCTION.
Em leilão

AT BEST.
Na melhor das hipóteses.

AT CLOSE RANGE.
A queima roupa; de perto.

AT EVERY MOMENT.
A cada instante.

AT FIRST.
De início.

AT FIRST HAND.
Em primeira mão.

AT FULL SPEED.
A todo vapor.

AT GREAT COST.
A muito custo.

AT HEART.
No íntimo.

AT LAST.
Até que enfim! finalmente.

AT LEAST.
Pelo menos.

AT LENGTH.
Por extenso; completamente.

AT MOST.
Quanto muito.

AT ONCE.
Já; imediatamente.

AT PLEASURE.
À vontade.

AT PRESENT.
No momento.

AT RANDOM.
Ao acaso; a toa.

AT THE BEGINNING.
No começo.

AT THE FIRST OPPORTUNITY.
Na primeira oportunidade.

AT THE LAST MINUTE.
Em cima da hora.

AT THE LATEST.
No mais tardar.

AT THE MOST.
Ao máximo.

AT THE PROPER TIME.
No devido tempo.

AT THE RIGHT TIME.
Em boa hora.

AT THE START.
Ao início.

AT THE WRONG TIME.
Em ocasião imprópria.

AT TIMES.
Às vezes.

AT WHAT TIME?
A que hora?

AT WILL.
À vontade.

AT WORST.
Na pior das hipóteses.

AT YOUR CONVENIENCE.
Ao seu critério.

AT YOUR SERVICE.
Às suas ordens.

ATTABOY!
Bravos! Muito bem!

ATTACHÉ.
Adido de embaixada; pasta.

AWARE OF.
Ciente de.

– B –

BAD NEWS TRAVELS QUICKLY.
Más notícias andam a cavalo.

BAR NONE.
Sem exceção.

BARKING DOGS SELDOM BITE.
Cachorro que late não morde.

BE A SPORT.
Seja camarada. Leve na esportiva.

BE BRIEF.
Seja breve.

BE CAREFUL.
Tenha cuidado.

BE GOOD!
Seja bonzinho!

BE THAT AS IT MAY.
Seja como for.

BE MY GUEST.
Deixa que pago; seja meu convidado.

BE PATIENT.
Seja paciente.

BE PUNCTUAL.
Seja pontual.

BE QUICK ABOUT IT.
Apresse-se.

BE QUIET.
Fique quieto.

BE SURE TO COME.
Não deixe de vir.

BE WHATEVER IT MAY.
Seja o que for.

BE WHENEVER IT MAY.
Seja quando for.

BE WHEREVER IT MAY.
Seja onde for.

BE WHOEVER IT MAY.
Seja quem for.

BEAUTY IS IN THE EYE OF THE BEHOLDER.
Quem ama o feio, bonito lhe parece.

BEAUTY IS ONLY SKIN-DEEP.
Beleza não põe mesa.

BEFORE ANYTHING ELSE.
Antes de mais nada.

BEFORE LONG.
Logo mais.

BEHAVE YOURSELF.
Comporte-se.

BEHIND THE SCENES.
Nos bastidores.

BELIEVE IT OR NOT.
Acredite se quiser.

BEST OF LUCK.
Boa sorte.

BEST WISHES.
Os melhores votos de felicidade.

BETTER ALONE THAN IN BAD COMPANY.
Antes só que mal acompanhado.

BETTER AND BETTER.
Cada vez melhor.

BETTER BY FAR.
Muito melhor.

BETTER LATE THAN NEVER.
Antes tarde do que nunca.

BETTER SAFE THAN SORRY.
Seguro morreu de velho.

BETTER STILL.
Melhor ainda.

BETTER THAN EVER.
Melhor do que nunca.

BEWARE OF PICKPOCKETS.
Cuidado com os trombadinhas.

BEYOND A SHADOW OF DOUBT.
Sem sombra de dúvida.

BEYOND COMPARISON.
Sem comparação.

BEYOND DOUBT.
Fora de dúvida.

BIG DEAL!
É uma boa!

BIRD OF THE SAME FEATHER FLOCK TOGETHER.
Dize-me com quem andas e dirte-ei que és.

BIT BY BIT.
Pouco a pouco.

BLESS YOU!
Saude! (Deus te crie).

BLOOD IS THICKER THAN WATER.
Os laços de família são mais fortes.

BOY!
Puxa!

BREAKFAST IS SERVED.
O café está servido.

BUSINESS iS BUSINESS.
Amigos, amigos, negócios à parte

BUSINESS BEFORE PLEASURE.
Primeiro a obrigação depois a devoção.

BUTTON YOUR LIP.
Guarde sigilo.

BY A HAIR'S BREADTH.
Por um triz.

BY A KNOCKOUT.
Por nocaute.

BY LANDSLIDE.
Por maioria esmagadoura.

BY A MIRACLE.
Por milagre.

BY A MAJORITY OF VOTES.
Por maioria de votos.

BY A VERY NARROW MARGIN.
Por um triz.

BY ACCIDENT.
Por acidente.

BY ALL MEANS.
Por todos os meios.

BY ALL THAT IS SACRED.
Por tudo que é sagrado.

BY AND LARGE.
De um modo geral.

BY ANY MEANS.
De qualquer modo.

BY ANY STANDARD.
Segundo qualquer padrão de medida.

BY ANY YARDSTICK.
Sob qualquer padrão de medida.

BY BIRTH.
De nascença.

BY CHANCE.
Por acaso.

BY CHECK.
Em cheque; por cheque.

BY COINCIDENCE.
Por casualidade.

BY COMMON CONSENT.
De comum acordo.

BY DEFAULT.
Por desistência.

BY EAR.
De ouvido.

BY ERROR.
Por engano.

BY FAR.
Em muito.

BY FOUL MEANS.
Por meios ilícitos.

BY GOLLY!
Puxa!

BY HEART.
De cor.

BY HOOK OR BY CROOK.
De qualquer jeito.

BY LEAPS AND BOUNDS.
A passos largos.

BY LUCK.
Por sorte.

BY MAIL.
Pelo correio.

BY MISTAKE.
Por engano.

BY NAME.
De nome.

BY NATURE.
Por natural.

BY NO MEANS.
De forma alguma.

BY POPULAR DEMAND.
Por solicitação popular.

BY PROXY.
Por procuração escrita.

BY REASON OF ILLNESS.
Por motivo de doença.

BY REQUEST.
A pedido.

BY SHEER ACCIDENT.
Por mero acaso.

BY SIGHT.
De vista.

BY SURPRISE.
De surpresa.

BY SIGNS.
Por meios de sinais.

BY THE DAY.
Por dia.

BY THE DOZEN.
Às dúzias.

BY THE HOUR.
Por hora.

BY THE WAY.
Por falar nisso; a propósito.

BY THREATENING.
Por meios de ameaças.

BY WHAT RIGHT?
Com que direito?

BYE-BYE!
Tchau!

CALL ME UP.
Telefone-me

CALM DOWN!
Acalme-se!

CALM YOURSELF.
Tente se acalmar.

CAN I HELP YOU?
Em que posso ser útil?

CAN I SPEAK TO YOU IN PRIVATE?
Posso falar-lhe em particular?

CAN YOU BEAT THAT?
Ora, você já viu?

CAN YOU SPARE ME A MINUTE?
Pode dar-me um minuto?

CAN YOU WAIT ON ME?
Pode me atender?

CARE TO SIT DOWN?
Não quer sentar-se

CARRY ON!
Continue!

CASH ON THE LINE.
Dinheiro à vista.

CERTAINLY.
Certamente.

CERTAINLY NOT.
Claro que não. De certo que não.

CHARGE IT TO ME.
Ponha na minha conta.

CHEERS!
Saúde! (Brinde)

CHEER UP
Anime-se

CHOOSE THE LESSER OF TWO EVILS.
Dos males o menor.

CLEAR THE WAY.
Abram alas.

CLOSED DUE TO DEATH IN FAMILY.
Fechado por luto em famîlia.

CLOSED FOR REPAIRS.
Fechado para obras.

COME AT ANY TIME.
Venha a qualquer hora.

COME AROUND SOME TIME.
Apareça qualquer dia.

COME AT ONCE.
Venha já.

COME BACK SOON.
Volte breve.

COME HERE.
Venha cá.

COME IN!
Entre!

COME NOW!
Ora essa!

COME ON.
Vamos; venha.

COME QUICKLY.
Venha depressa.

COME RIGHT NOW.
Venha já.

COME THIS WAY.
Venha por aqui.

COME TO SEE ME.
Venha visitar-me.

COME WHAT IT MAY.
Venha o que vier.

COMING!
Já vou!

COMPOSE YOURSELF.
Fique tranquilo. Acalme-se.

CONFOUND IT!
Ora essa!

CONGRATULATIONS.
Meus parabéns.

COST WHAT IT MAY.
Custe o que custar.

COULD BE.
Podia ser.

COUNT ME IN.
Pode contar comigo.

COUNT ME OUT.
Não conte comigo.

CRIME DOES NOT PAY.
O crime não compensa.

CROSS MY HEART.
Juro por Deus.

CRYBABY.
Chorão.

CRYING WON'T HELP A BIT.
Não adianta chorar.

CURIOSITY KILLED THE CAT.
De curioso morreu o burro.

CUT IT OUT!
Pare com isso! Corta essa!

– D –

DARN IT!
Puxa vida!

DID I DO WRONG?
Fiz mal?

DID YOU GET THE POINT?
Tá por dentro? Morou?

DIDN'T I TELL YOU?
Eu não te disse?

DINNER IS SERVED.
O jantar está servido.

DO ANYTHING BUT THAT.
Faça tudo, menos isto.

DO AS YOU LIKE.
Faça como quiser.

DO AS YOU PLEASE.
Faça como quiser.

DO AS YOU THINK BEST.
Faça como achar melhor.

DO AS YOU WISH.
Faça como desejar.

DO GOOD FOR ITS OWN SAKE.
Faça o bem sem olhar a quem.

DO IT ANY WAY YOU CAN.
Faça de qualquer maneira.

DO IT AS SOON AS POSSIBLE.
Faça o mais cedo possível.

DO IT AT ONCE.
Faça-o já.

DO NOT DISTURB.
Não perturbe.

DO YOU AGREE TO THAT?
Você concorda com isto?

DO YOU AGREE WITH ME?
Você concorda comigo?

DO YOU BELIEVE IT?
Você acredita?

DO YOU HAPPEN TO KNOW?
Por acaso, você sabe?

DO YOU HAVE THE TIME?
Você tem horas?

DO YOU MIND?
Você se importa?

DO YOU MIND MY SMOKING?
Se importa que eu fume?

DO YOU TAKE ME FOR A FOOL?
Você acha que eu sou bobo?

DO YOU WANT TO LEAVE A MESSAGE?
Quer deixar recado?

DO YOUR BEST.
Faça o melhor possível.

DOES IT MATTER?
Isto importa?

DON'T ADD FUEL TO THE FIRE.
Não ponha mais lenha na fogueira.

DON'T BE A CHEAPSKATE.
Não seja pão-duro.

DON'T BE A FOOL.
Não seja idiota.

DON'T BE A SPOILSPORT.
Não seja do contra.

DON'T BE A WET BLANKET.
Não seja desmancha prazer.

DON'T BE AFRAID.
Não tenha medo.

DON'T BE ANGRY.
Não se zangue.

DON'T BE CROSSED.
Não fique com essa cara. '

DON'T BE DISHEARTENED.
Não desanime.

DON'T BE LIKE THAT.
Não fique assim, vai!

DON'T BE LONG.
Não demore.

DON'T BE SILLY.
Não seja tolo.

DON'T BE SO INQUISITIVE.
Não seja indiscreto.

DON'T BE SUCH A BORE.
Deixe de ser chato.

DON'T BEAT ABOUT THE BUSH.
Fale sem rodeios.

DON'T BLAME ME.
Não me culpe.

DON'T BOTHER ME.
Não me amole.

DON'T BOTHER.
Não se incomode.

DON'T BREATHE A WORD ABOUT IT.
Guarde o maior sigilo.

DON'T BURN THE CANDLE   AT BOTH ENDS.
Nada de extravagâncias.

DON'T FAIL TO DO IT.
Não deixe de fazê-lo.

DON'T GET EXCITED.
Não se emocione.

DON'T GET FRESH.
Não seja atrevido.

DON'T GET MIXED UP WITH IT.
Não se meta nisto.

DON'T GET NERVOUS.
Não fique nervoso.

DON'T GET SMART.
Não banque o esperto.

DON'T GIVE IT A SECOND THOUGHT.
Nem pense mais nisto.

DON'T GIVE ME THAT!
Não me venha com essa!

DON'T GIVE UP.
Não desista.

DON'T GIVE UP HOPE.
Não perca a esperança.

DON'T GIVE UP THE SHIP.
Não entregue os pontos.

DON'T I KNOW IT?
Isto não é novidade pra mim.

DON'T JUDGE THE BOOK BY ITS COVER.
Não julgue pelas aparências.

DON'T JUDGE ME WRONGLY.
Não faça mal juízo de mim.

DON'T JUMP THE GUN.
Não se precipite.

DON'T JUMP TO CONCLUSIONS.
Não tire conclusões precipitadas.

DON'T LET ME DOWN.
Não me decepcione.

DON'T LET ME KEEP YOU.
Não se prenda por minha causa.

DON'T LET THE CAT OUT OF THE BAG.
Não abra o bico.

DON'T LET THE OPPORTUNITY SLIP.
Não perca a oportunidade.

DON'T LOSE HOPE.
Jamais perca a esperança.

DON'T LOSE YOUR TEMPER.
Não perca a calma. Controle-se.

DON'T MAKE A FUSS.
Não faça onda. Não crie caso.

DON'T MENTION IT.
Não há de que. De nada.

DON'T MISS IT.
Não perca! Não deixe de assistir.

DON'T PAY ATTENTION.
Não ligue.

DON'T PUSH YOUR LUCK.
Não abuse da sorte.

DON'T QUOTE ME.
Não cite o meu nome.

DON'T RUSH.
Nada de pressa. Não se afobe.

DON'T SAY THAT.
Não diga isto.

DON'T STAND ON CEREMONY.
Não faça cerimônia.

DON'T STRAY FROM THE SUBJECT.
Não fuja do assunto.

DON'T TAKE IT FOR GRANTED.
Não o tenha como certo.

DON'T TAKE IT OUT ON ME.
Não desforre em mim.

DON'T TAKE IT SO HARD.
Não seja tão inflexível.

DON'T TAKE IT TO HEART
Não leve a sério.

DON'T TAKE IT WRONG.
Não leve a mal.

DON'T TALK NONSENSE.
Não diga bobagem.

DON'T TELL A SOUL.
Não diga a ninguém.

DON'T THROW IN THE SPONGE.
Não jogue a toalha; não desista.

DON'T WASTE TIME.
Não perca tempo.

DON'T TROUBLE YOURSELF.
Não se incomode.

DON'T WORRY.
Não se preocupe.

DON'T YOU BELIEVE IT.
Não vá atrás disto.

DON'T YOU DARE!
Não se atreva.

DON'T YOU THINK SO?
Você não acha?

DROP BY AGAIN.
Apareça sempre.

DROP DEAD.
Dane-se.

DROP ME A LINE.
Escreva-me.

– E –

EACH ONE TO HIS TRADE.
Cada macaco no galho.

EACH ONE TO HIS TASTE.
Cada louco com sua mania.

EASY COME, EASY GO.
O que vem fácil, vai fácil.

EASY DOES IT!
Calma!

EMPLOYEES ONLY.
Somente para funcionários.

ENCORE!
Bis!

ENGLISH SPOKEN HERE.
Fala-se inglês.

ENJOY YOUR MEAL.
Bom apetite.

ENJOY YOUR STAY.
Desfrute de sua estada.

ENJOY YOURSELF.
Divirta-se

ENOUGH TALKING.
Chega de conversa.

ENTER WITHOUT KNOCKING.
Entre sem bater.

EVEN IF IT WERE SO.
Ainda que fosse assim.

EVEN LESS.
Menos ainda.

EVEN MORE
Mais ainda.

EVEN SO.
Mesmo assim.

EVERY BLESSED DAY.
Todo santo dia.

EVERY CLOUD HAS A SILVER LINING.
Depois da tempestade vem a bonança.

EVERY DOG HAS HIS DAY.
Um dia é da caça outro do caçador

EVERY GOOD THING COMES TO AN END.
O que é bom dura pouco.

EVERY HOUR.
De hora em hora.

EVERY LITTLE HELPS.
Qualquer coisa ajuda.

EVERY MAN FOR HIMSELF.
Salve-se que puder.

EVERY MAN HAS HIS FAULTS.
Todo homem tem seus defeitos.

EVERY MAN MUST CARRY HIS OWN CROSS.
Cada qual carrega sua cruz.

EVERY MAN TO HIS TASTE.
Gosto não se discute.

EVERY MAN TO HIS TRADE.
Cada qual na sua.

EVERY MINUTE.
A cada minuto.

EVERY MOMENT.
A todo momento.

EVERY NOW AND THEN...
Volta e meia...

EVERY OTHER DAY.
Dia sim, dia não.

EVERY SECOND COUNTS.
O tempo urge.

EVERY SO OFTEN.
De vez em quando.

EVERYBODY KNOWS THAT.
Todo mundo sabe disso.

EVERYBODY SAYS SO.
Todos falam assim.

EVERYONE HAS HIS FAULTS.
Não há bom sem seu defeito.

EVERYONE HAS HIS OWN VIEWS.
Cada um com seu modo de pensar.

EVERYONE KNOWS WHERE THE SHOE PINCHES.
Cada um sabe onde aperta o sapato.

EVERYTHING'S ALL RIGHT?
Tudo em ordem?

EVERYTHING COMES TO AN END.
Tudo tem fim.

EVERYTHING COMES TO HIM WHO WAITS.
Quem espera sempre alcança.

EVERYTHING HAS ITS USE.
Tudo tem sua utilidade.

EVERYTHING IN ITS DUE TIME.
Tudo no seu devido tempo.

EVERYTHING IS ALL RIGHT.
Está tudo bem.

EVERYTHING IS FINE.
Tudo azul; tudo bem.

EVERYTHING IS QUITE EXPENSIVE.
Está tudo muito caro.

EVERYTHING WILL WORK OUT ALL RIGHT.
Vai dar tudo certo.

EXCUSE ME!
Com licença! Desculpe-me!

EXCUSE ME FOR BEING LATE.
Desculpe o atraso.

EXCUSE ME FOR BOTHERING YOU.
Desculpe-me incomodá-lo.

EXCUSE ME FOR INTERRUPTING.
Desculpe-me interromper.

– F –

FAIR IS FAIR
O que é justo, é justo.

FAIRLY WELL.
Razoavelmente bem.

FAITH MOVES MOUNTAINS.
A fé remove montanhas.

FAR BE IT FROM ME.
Longe de mim tal coisa.

FAR BETTER.
Muito melhor (sem comparação).

FAR FROM IT!
Longe disso!

FAR INTO THE NIGHT.
Até altas horas da noite.

FAR WORSE.
Muito pior.

FAREWELL!
Adeus!

FASTER!
Depressa!

FEEL AT EASY.
Fique à vontade.

FIND A WAY.
Dê um jeito.

FINE.
Ótimo. Muito bem.

FINE JOB.
Ótimo trabalho.

FINE THING!
Bonito! (Ironicamente)

FIRST OF ALL.
Antes de mais nada.

FOLLOW ME PLEASE.
Por favor, siga-me.

FOR A CHANGE.
Para variar.

FOR A LITTLE WHILE YET.
Por pouco tempo ainda.

FOR A LONG TIME
Durante muito tempo.

FOR A MOMENT.
Por um instante.

FOR A NUMBER OF REASONS.
Por uma série de razões.

FOR A SHORT TIME.
Por pouco tempo.

FOR A SONG.
Por uma ninharia.

FOR A WHILE.
Por algum tempo.

FOR ALL I KNOW.
Que eu saiba.

FOR BETTER OR FOR WORSE.
Para melhor ou para pior.

FOR CASH.
A dinheiro.

FOR CRYING OUT LOUD!
Será o Benedito!

FOR FREE.
De graça.

FOR FUN.
Por brincadeira.

FOR GOD'S SAKE!
Pelo amor de Deus!

FOR GOOD.
Para sempre.

FOR GOODNESS' SAKE!
Pelo amor de Deus!

FOR GOOD REASON.
Não é pra menos.

FOR HEAVEN'S SAKE!
Pelo amor de Deus

FOR HOW LONG?
Por quanto tempo?

FOR THE KICK OF IT.
Só de sarro; por farra.

FOR LACK OF CONTACT.
Por falta de contato.

FOR LACK OF EVIDENCE.
Por falta de provas.

FOR LACK OF MONEY.
Por falta de dinheiro.

FOR LACK OF OPPORTUNITY.
Por falta de oportunidade.

FOR LACK OF PAYMENT.
Por falta de pagamento.

FOR LACK OF TIME.
Por falta de tempo

FOR LAUGHS.
Por esporte. De brincadeira.

FOR LIFE.
Por toda a vida.

FOR LITTLE OR NO REASON.
Por um motivo fútil.

FOR LOVE.
Por amor.

FOR LUCK.
Para dar sorte.

FOR MY PART.
Por mim.

FOR NO EARTHLY REASON.
Por nenhuma razão concebível.

FOR NO REASON AT ALL.
Por nenhum motivo.

FOR NOW.
Para já.

FOR OLD TIME'S SAKE.
Para matar a saudade.

FOR PETE'S SAKE!
Pelo amor de Deus!

FOR PLEASURE.
Por prazer.

FOR QUITE SOME TIME.
Por muito tempo.

FOR RENT.
Aluga-se

FOR ROBBERY.
Por roubo.

FOR SAFETY'S SAKE.
Por motivo de segurança.

FOR SALE.
Vende-se.

FOR SOME TIME NOW.
De uns tempos para cá.

FOR SPEEDING.
Por excesso de velocidade.

FOR THAT VERY REASON.
Por isso mesmo.

FOR THE FIRST TIME.
Pela primeira vez.

FOR THE FUN OF IT.
Por prazer.

FOR THE LAST TIME.
Pela última vez.

FOR THE LOVE OF ADVENTURE.
Pelo gosto da aventura.

FOR THE LOVE OF IT.
Por paixão.

FOR THE MOMENT.
Por enquanto.

FOR THE MOST PART.
Na maioria dos casos.

FOR THE PRESENT.
Por enquanto.

FOR THE SAKE OF APPEARENCES.
Para salvar as aparências.

FOR THE SAKE OF CONVENIENCE.
Só por conveniência.

FOR THE SAKE OF OUR FRIENDSHIP.
Pelo bem de nossa amizade.

FOR THE TIME BEING.
Por enquanto.

FOR THIS AND THAT REASON.
Por essas e por outras.

FOR VARIOUS REASONS.
Por uma série de motivos.

FOR WHAT PURPOSE?
Com que finalidade?

FOR WHAT REASON?
Por que motivo?

FOR WHENEVER YOU WISH.
Para quando você quiser.

FOR WHOM?
Para quem?

FOR YOUR GUIDANCE.
Pra seu governo.

FOREWARNED IS FOREARMED.
Quem avisa amigo é.

FORGET IT!
Esqueça! Deixa pra lá!

FORGIVE ME.
Perdoe-me.

FORGIVE ME FOR SAYING SO.
Desculpe-me a franqueza.

FORTUNATELY.
Felizmente.

FORTUNE IS BLIND.
A sorte é cega.

FROM A CHILD.
Desde criança.

FROM A DISTANCE.
De longe.

FROM ABROAD.
Do estrangeiro.

FROM ALL OVER.
De todos os lugares.

FROM BAD TO WORSE.
De mal a pior.

FROM BEGINNING TO END.
Do princípio ao fim.

FROM CLOSE BY.
De perto.

FROM EXPERIENCE.
De experiência.

FROM FORCE OF HABIT.
Por força do hábito.

FROM HAND TO MOUTH.
Ao Deus dará.

FROM LONG AGO.
De longa data.

FROM MEMORY.
De memória.

FROM NO FAULT OF MY OWN.
Não por culpa minha.

FROM NOW ON.
De agora em diante.

FROM ONE MOMENT TO ANOTHER.
De um instante pra outro.

FROM SCRATCH.
Do nada. Começar do nada.

FROM START TO FINISH.
Do início ao fim.

FROM SUNRISE TO SUNSET.
De sol a sol.

FROM THE BEGINNING.
Desde o início.

FROM THE FIRST.
Desde o começo.

FROM THE LOOK OF THINGS...
Pelo jeito...

FROM TIME TO TIME.
De tempos em tempos.

FROM TODAY ON.
A partir de hoje.

FROM WAY BACK.
De longa data.

– G –

GEE WHIZ!
Puxa!

GENTLY DOES IT.
Com jeito vai.

GET AWAY WITH IT.
Deixar por isso mesmo.

YOU CAN'T GET AWAY WITH THAT.
Não vai ficar assim.

GET GOING!
Anda! Se manda!

GET LOST!
Suma! Vá embora!

GET OUT!
Dê o fora!

GET SOME REST.
Descanse um pouco.

GET THAT INTO YOUR HEAD.
Meta isso na cabeça.

GET UP.
Levante.

GET WELL SOON.
Estimo as melhoras.

GIVE ME A BREAK.
Dê-me uma colher de chá.

GIVE ME A CALL.
Telefone-me.

SHE JUST GETS BY WITH THE ENGLISH SHE SPEAKS.
Ela apenas quebra o galho com o inglês que fala.

GLAD TO.
Com muito prazer.

GLAD TO MEET YOU.
Prazer em conhecê-lo.

GLAD TO SEE YOU.
Prazer em vê-lo

GO AHEAD.
Continue. Prossiga.

GO AWAY!
Vá-se embora!

GO FLY A KITE!
Vá plantar batatas!

GO JUMP IN THE LAKE!
Vá pentear macacos!

GO ON.
Continue.

GO TO HELL!
Vá para o inferno!

GOD BLESS YOU.
Saude! Deus te crie!

GOD FORBID.
Deus me livre.

GOD GRANT IT.
Queira Deus.

GOD HELP THOSE WHO HELP THEMSELVES.
Deus ajuda quem cedo madruga.

GOD ONLY KNOWS.
Só Deus sabe.

GOOD FOR YOU.
Ótimo para você.

GOOD GRACIOUS!
Santo Deus!

GOOD GRIEF!
Puxa vida!

GOOD HEAVENS!
Meu Deus do Céu!

GOOD LORD!
Meu Deus!

GOOD LUCK!
Boa sorte! Felicidade!

GOOD NEWS!
Boas novidades!

GOOD RIDDANCE!
Já vai tarde!

GOODNESS!
Credo!

GOODNESS GRACIOUS!
Puxa vida!

GREAT!
Ótimo! É uma boa!

HAND IN HAND.
De mãos dadas.

HANG ON!
Aguente firme!

HAPPY EASTER!
Feliz Páscoa!

HAPPY NEW YEAR!
Feliz Ano Novo!

HARD HEAD!
Cabeça dura!

HARD LUCK!
Que azar!

HARDLY.
Dificilmente; quase nunca.

HARDLY ANYBODY.
Quase ninguém.

HARDLY ANYTHING.
Quase nada.

HARDLY EVER.
Quase nunca.

HASTE MAKES WASTE.
A pressa é inimiga da perfeição.

HAVE A PLEASANT FLIGHT.
Boa viagem (de avião).

HAVE A SEAT!
Sente-se!

HAVE IT YOUR OWN WAY.
Faça como quiser.

HAVE NO FEAR.
Não tenha medo.

HAVE SOME MORE.
Aceite mais um pouco.

HAVE YOU ANY FURTHER NEED OF ME?
Precisa de mim ainda?

HAVE YOU BEEN WAITED ON?
Já foi atendido?

HAVE YOU HEARD THE LATEST?
Sabes da última?

HE LAUGHS BEST WHO LAUGHS LAST.
Quem ri por último, ri melhor.

HAVING FUN?
Divertindo-se?

HEADS OR TAILS?
Cara ou coroa?

HEALTH IS BETTER THAN WEALTH.
Não há dinheiro que pague a saúde.

HEAR! HEAR!
Apoiado!

HEAVEN FORBID.
Deus me livre!

HEAVENS!
Céus! Nossa!

HELP!
Socorro!

HELP YOURSELF.
Sirva-se.

HERE AND THERE.
Por aí.

HERE'S TO YOU!
À sua saúde!

HOLD ON!
Aguente firme!

HOLD ON A MINUTE.
Espere um minuto.

HOLD ON A MOMENT.
Aguarde um momento.

HOLD THE FORT.
Aguente o baque.

HOLD YOUR HEAD UP!
Tenha ânimo!

HOLD YOUR HORSES!
Calma!

HOLD YOUR TONGUE.
Cale a boca.

HOLY MACKEREL!
Puxa vida!

HOLY SMOKE!
Puxa vida!

HONESTLY!
Palavra!

HONESTY IS THE BEST POLICY.
A honestidade é melhor política.

HOURS ON END.
Horas a fio.

HOW?
Como? De que jeito?

HOW ABOUT IT?
Que tal?

HOW AM I SUPPOSED TO KNOW?
Como é que vou saber?

HOW ARE THINGS?
Como vão as coisas?

HOW ARE YOU GETTING ALONG?
Como vai passando?

HOW ARE YOU MAKING OUT?
Como vai indo?

HOW AWFUL!
Que horror!

HOW BEAUTIFUL!
Que lindo!

HOW COLD IT IS!
Que frio!

HOW COME!
Por que? Como assim?

HOW CROWDED IT IS!
Como está cheio!

HOW DARE YOU!
Intrometido!

HOW DID IT COME ABOUT?
Como aconteceu isto?

HOW DID YOU LIKE IT?
Que tal achou?

HOW DID YOU MAKE OUT?
Como você se saiu?

HOW DO YOU DO?
Muito prazer (formal).

HOW DO YOU FEEL?
Como se sente?

HOW DO YOU KNOW THAT?
Como você sabe disso?

HOW DO YOU LIKE THAT?
Que me diz disso?

HOW DOES ONE GET THERE?
Como se chega lá?

HOW DOES IT SOUND?
Que tal?

HOW DOES THE IDEA SOUND TO YOU?
Que tal lhe parece a idéia?

HOW DOES THE MATTER STAND?
Em que pé está a questão?

HOW ELSE?
De que outra forma?

HOW FAR?
Qual a distância? Até onde?

HOW GOES IT?
Como vão as coisas?

HOW HARD IT IS!
Como é difícil!

HOW HAVE YOU BEEN?
Como tens passado?

HOW HOT IT IS!
Que calor!

HOW I'D LIKE TO!
Quem me dera!

HOW LATE?
Até que horas?

HOW LATE YOU ARE!
Como você está atrasado!

HOW LONG?
Quanto tempo?

HOW LONG AGO?
Há quando tempo?

HOW LONG WILL IT TAKE?
Quanto tempo levará?

HOW MANY TIMES?
Quantas vezes?

HOW MUCH DO I OWE YOU?
Quanto eu lhe devo?

HOW MUCH IS IT?
Quanto custa?

HOW MUCH IS IT WORTH?
Quanto vale?

HOW MUCH LONGER?
Quanto tempo mais?

HOW NICE!
Que agradável!

HOW NOW?
E agora?

HOW PRETTY IT IS!
Como é lindo!

HOW PROVOKING!
Que irritante!

HOW TIME GOES BY!
Como o tempo passa rápido!

HOW SAD IT IS.
Como é triste.

HOW SHOULD I KNOW!
Sei lá!

HOW SO?
Como assim?

HOW SOON?
Para quando?

HOW TIME FLIES!
Como o tempo passa rápido!

HOW TRUE!
É verdade mesmo!

HOW UNFORTUNATE!
Que falta de sorte!

HOW WONDERFUL!
Que maravilha!

HOWDY!
Olá! Boas! (Expressão rural)

HOW'S IT DONE?
Como é que se faz isso?

HOW'S IT GOING?
Como vão as coisas?

HOW'S LIFE TREATING YOU?
Como a vida vai lhe tratando?

HOW'S THAT?
Que disse? Que tal?

HOW'S THAT POSSIBLE?
Como é possível?

HOW'S THIS?
Está bem assim?

HURRAY!
Viva!

HURRY UP!
Depressa!

– I –

I ACHE ALL OVER.
Estou todo dolorido.

I AGREE TO THE PLAN.
Concordo com o plano.

I AGREE WITH YOU.
Concordo com você.

I APOLOGIZE.
Peço desculpas.

I APPRECIATE YOUR COURTESY VERY MUCH.
Agradeço muito sua gentileza.

I BARELY HAD TIME.
Mal tive tempo.

I BEG YOUR PARDON?
Como? Poderia, repetir?

I BEG YOUR PARDON.
Queira perdoar-me.

I BELIEVE NOT.
Creio que não.

I BELIEVE SO.
Creio que sim.

I BET MY BOTTOM DOLLAR.
Aposta quanto quiser.

I CAN HARDLY BELIEVE IT.
Mal posso acreditar.

I CAN HARDLY STAND UP.
Mal consigo ficar de pé.

I CAN HARDLY WAIT.
Não vejo a hora.

I CAN'T AFFORD IT.
Não posso dar-me ao luxo.

I CAN'T BEAR IT ANY LONGER.
Não suporto mais.

I CAN'T FIGURE IT OUT.
Não consigo entender.

I CAN'T HEAR A THING.
Não ouço nada.

I CAN'T HELP IT.
Não posso evitá-lo.

I CAN'T IMAGINE SUCH A THING.
Não posso imaginar tal coisa.

I CAN'T MAKE HEAD OR TAIL OF IT.
Não entendo patavina.

I CAN'T MAKE IT OUT.
Não consigo entender.

I CAN'T STAND IT ANY LONGER.
Não suporto mais.

I CAUGHT A COLD.
Apanhei um resfriado.

– 57 –

I COULD KICK MYSELF.
Como fui idiota.

I COULDN'T CARELESS.
Pouco me importa.

I COULDN'T POSSIBLY.
Eu não seria capaz.

I COUNT ON YOU.
Conto com você.

I DID EVERYTHING POSSIBLE.
Eu fiz o possível.

I DID IT FOR THE BEST.
Fi-lo na melhor das intenções.

I DID IT WITHOUT THINKING.
Fiz sem pensar.

I DID MY BEST.
Fiz o que pude.

I DID MY VERY BEST.
Fiz o melhor possível.

I DID QUITE WELL.
Sai-me muito bem.

I DID THE BEST I COULD.
Fiz o melhor que pude.

I DIDN'T GET THAT FAR.
Não cheguei a esse ponto.

I DIDN'T DO IT ON PURPOSE.
Não foi por gosto.

I DIDN'T HAVE THE HEART.
Não tive coragem.

I DIDN'T KNOW ABOUT THAT.
Eu não sabia disso.

I DIDN'T MAKE OUT VERY WELL.
Não me saí muito bem.

I DIDN'T MEAN IT.
Foi sem querer.

I DIDN'T MEAN TO.
Não tive a intenção.

I DIDN'T SLEEP A WINK.
Não preguei os olhos.

I DIDN'T THINK OF IT.
Não pensei nisso.

I DON'T BELIEVE IT.
Não acredito.

I DON'T CARE.
Não ligo; não me importo.

I DON'T CARE.
Não dou a mínima.

I DON'T FEEL LIKE DOING ANYTHING.
Não tenho vontade para nada.

I DON'T FEEL LIKE IT.
Não sinto vontade.

I DON'T FEEL WELL.
Não me sinto bem.

I DON'T GET IT.
Não compreendo.

I DON'T GIVE A HANG.
Pouco me importa.

I DON'T GIVE A DARN.
Não ligo a mínima.

I DON'T HAVE ANY LUCK.
Não tenho sorte.

I DON'T HOLD A GRUDGE AGAINST YOU.
Não lhe guardo rancor.

I DON'T KNOW A THING.
Não sei nada.

I DON'T KNOW ABOUT THAT.
Não sei nada a respeito.

I DON'T KNOW ANYTHING ABOUT IT.
Não sei nada sobre isso.

I DON'T KNOW BEANS ABOUT IT.
Não sei patavina.

I DON'T KNOW HOW OR WHEN.
Não sei como nem quando.

I DON'T KNOW NOR DO I CARE.
Não sei nem quero saber.

I DON'T KNOW WHICH IS WHICH.
Não sei qual é um, qual é o outro.

I DON'T KNOW WHY.
Não sei porque.

I DON'T KNOW YET.
Ainda não sei.

I DON'T LIKE THAT AT ALL.
Não gosto nada disto.

I DON'T MIND.
Não ligo; não me importo.

I DON'T REALLY CARE.
Realmente não faço questão.

I DON'T REMEMBER FOR SURE.
Não me lembro bem.

I DON'T THINK MUCH OF IT.
Não acho grande coisa.

I DON'T THINK SO.
Acho que não.

I DON'T WANT TO TROUBLE YOU ANY LONGER.
Não quero incomodá-lo tanto.

I DOUBT IT.
Duvido disso.

I ESCAPED BY THE SKIN OF MY TEETH.
Escapei por pouco.

I FEEL COLD.
Sinto frio.

I FEEL DIZZY.
Sinto tontura.

I FEEL FINE.
Sinto-me bem.

I FEEL HOT.
Sinto calor.

I FEEL LIKE IT.
Sinto vontade.

I FEEL THE SAME WAY.
Penso do mesmo modo.

I FOR ONE.
Eu pelo menos.

I GOOFED.
Entrei pelo cano.

I GOT INTO A JAM.
Entrei numa fria.

I GOT IT IN THE NECK.
Levei na cabeça.

I GOT IN THE TEETH.
Entrei bem. Levei na cabeça.

I GOT IT IN THE CHIN.
Entrei numa fria.

I GOT RID OF A NUISANCE.
Livrei-me de uma fria.

I GOT OUT OF BED ON THE WRONG SIDE.
Levantei com o pé esquerdo.

I GOT THE MESSAGE.
Já morei no assunto.

I GOT THE POINT.
Estou por dentro (do assunto).

I GUESS NOT.
Acho que não.

I GUESS SO.
Acho que sim.

I HAD A CLOSE CALL.
Escapei por pouco.

I HAD A CLOSE SHAVE.
Escapei por um triz.

I HAD A MARVELOUS TIME.
Diverti-me muito.

I HAD A NARROW ESCAPE.
Escapei por pouco.

I HAD A ROUGH TIME.
Passei por maus bocados.

I HAD NO OTHER CHOICE.
Não tive outro jeito.

I HAD TO GET IT OFF MY CHEST.
Tive que desabafar.

I HATE IT!
Detesto!

I HATE TO DO IT.
Faço-o contra minha vontade.

I HAVE A BONE TO PICK WITH YOU.
Temos conta a ajustar.

I HAVE A COMMITMENT.
Tenho um compromisso.

I HAVE A COUGH.
Tenho tosse.

I HAVE A DATE.
Tenho um encontro (amoroso).

I HAVE A FEVER.
Estou com febre.

I HAVE A GOOD MEMORY FOR FACES.
Sou bom fisionomista.

I HAVE A HANGOVER.
Estou de ressaca.

I HAVE A HEADACHE.
Estou com dor de cabeça.

I HAVE A HUNCH.
Tenho um palpite.

I HAVE A LITTLE NEST EGG TUCKED AWAY.
Tenho um pé de meia guardado.

I HAVE A POOR MEMORY FOR FACES.
Sou mau fisionomista.

I HAVE A SCORE TO SETTLE WITH YOU.
Temos contas a ajustar.

I HAVE A SORE THROAT.
Estou com dor de garganta.

I HAVE A STOMACHACHE.
Eu tenho dor de estômago.

I HAVE A TOOTHACHE.
Estou com dor de dente.

I HAVE AN ACE IN THE HOLE.
Tenho um trunfo.

I HAVE AN APPOINTMENT.
Tenho hora marcada.

I HAVE AN EARACHE.
Estou com dor no ouvido.

I HAVE AN ENGAGEMENT.
Tenho um compromisso.

I HAVE BEEN WAITING FOR AGES.
Há séculos que espero.

I HAVE CHANGED MY MIND.
Mudei de idéia.

I HAVE DONE MY BEST.
Eu fiz o que pude (ação presente).

I HAVE GOT THE FLU.
Peguei um resfriado.

I HAVE IT!
Já sei!

I HAVE IT ON GOOD AUTHORITY.
Sei de boa fonte.

I HAVE KEPT MY WORD.
Cumpri minha palavra.

I HAVE MORE THAN ENOUGH.
Tenho de sobra.

I HAVE MY DOUBTS.
Tenho minhas dúvidas.

I HAVE NEVER SEEN THE LIKES OF IT.
Jamais vi coisa igual.

I HAVE NO APPETITE.
Não tenho apetite.

I HAVE NO IDEA.
Não faço idéia.

I HAVE NO MONEY ON ME.
Estou desprevenido (sem grana).

I HAVE NO PART IN IT.
Não tenho nada com isso.

I HAVE NO TIME.
Não tenho tempo.

I HAVE NOTHING TO DO WITH THAT.
Não tenho nada com isso.

I HAVE PLENTY OF TIME.
Tenho tempo de sobra.

I HAVE SEVERAL IRONS IN THE FIRE.
Tenho várias coisas em vista.

I HAVE TO BE GOING.
Tenho que ir-me.

I HAVE TO LOOK FORWARD.
Tenho que pensar no futuro.

I HAVE TO PUT UP A BOLD FRONT.
Tenho que fazer das tripas coração.

I HAVEN'T NOTICED.
Não observei; não reparei.

I HAVEN'T SEEN YOU FOR AGES!
Não o vejo há tanto tempo!

I HAVEN'T THE SLIGHTEST IDEA.
Não tenho a mínima idéia.

I HEARD IT BY THE GRAPEVINE.
Um passarinho me contou.

I HIT THE CEILING.
Fico (fiquei) louco da vida.

I HOPE IT PLEASES YOU.
Espero que agrade você.

I HOPE IT WORKS OUT.
Espero que dê certo.

I HOPE NOT.
Espero que não.

I HOPE SO.
Espero que sim.

I HOPE YOU'LL ENJOY YOUR STAY.
Aproveite bem sua estada.

I IMAGINE.
Faço uma idéia.

I INSIST ON IT.
Faço questão

I INTEND TO.
Eu pretendo.

I JUST CAN'T GET OVER IT.
Eu não me conformo.

I JUST CAN'T STAND IT.
Eu já não aguento mais.

I JUST GOT AN IDEA.
Acabei de ter uma idéia.

I KNOW BETTER THAN THAT.
Nessa eu não entro.

I KNOW IT FROM HEARSAY.
Eu sei por ouvir dizer.

I KNOW IT FROM THE HORSE'S MOUTH.
Sei de boa fonte.

I KNOW NOTHING ABOUT THAT.
Não sei nada a respeito.

I KNOW NOW.
Agora sei.

I KNOW THAT.
Estou sabendo.

I KNOW THE ROPES.
Conheço bem o assunto.

I KNOW WHAT I AM TALKING ABOUT.
Falo com conhecimento de causa.

I LEAD A QUIET LIFE.
Levo uma vida tranquila.

I LEAD A RESTLESS LIFE.
Levo uma vida agitada.

I LIKE IT.
Gosto; eu gosto.

I LIKED IT FINE.
Gostei muito.

I MADE A FOOL OF MYSELF.
Banquei o palhaço.

I MADE MYSELF SCARCE.
Me mandei; dei no pé.

I MAY GO.
É provável que eu vá.

I MEAN BUSINESS.
Estou falando sério.

I MEAN IT.
Falo sério.

I MIGHT.
Sou capaz.

I MISS YOU!
Estou com saudades!

I MUST GO.
Eu preciso ir.

I NEARLY DIED LAUGHING.
Quase morri de rir.

I NEVER HAVE ANY LUCK.
Eu nunca tenho sorte.

I OVERSLEPT.
Dormi demais.

I PLAYED DUMB.
Me fiz de Miguel.

I PULLED A BONER.
Cometi uma gafe.

I PUT MY FOOT IN IT.
Entrei pelo cano.

I QUITE AGREE.
Concordo inteiramente.

I REALLY DON'T KNOW.
Não sei mesmo.

I REGRET HAVING DONE IT.
Eu me arrependo de tê-lo feito.

I SAID NO SUCH THING.
Eu não disse tal coisa.

I SAID THAT JOKINGLY.
Eu disse isso brincando.

I SEE.
Entendo; compreendo.

I SEE EYE TO EYE WITH YOU.
Concordo com você.

I SEE NO HARM IN IT.
Não vejo nenhum mal nisso.

I SEE RED.
Fico louco de vida.

I SEE WHAT YOU MEAN.
Entendo o que você quer dizer.

I SHOULD HAVE KNOWN BETTER.
Eu devia prever (saber).

I SHOULD HAVE KNOWN.
Eu é que sei.

I SHOULD LIKE TO VERY MUCH.
Eu teria o maior prazer.

I SHOULD SAY SO.
Eu diria que sim.

I SIDE-STEPPED.
Tirei o corpo fora.

I SLEPT LIKE A LOG.
Dormi como uma pedra.

I SMELL A RAT.
Desconfio de alguma coisa.

I SORT OF EXPECTED THAT.
Eu mais ou menos esperava isso.

I STARTED OUT ON THE RIGHT FOOT.
Comecei com o pé direito.

I SUPPOSE NOT.
Eu suponho que não.

I SUPPOSE SO.
Eu suponho que sim.

I SWEAR!
Juro!

I SWEAR IT IS NOT SO.
Juro que não.

I SWEAR IT IS SO.
Juro que sim.

I TAKE A DIM VIEW OF IT.
Não tenho fé nisso.

I THINK NOT.
Penso que não.

I THINK SO.
Penso que sim.

I THINK THAT'S FUNNY!
Que engraçado!

I THOUGHT AS MUCH.
Foi o que pensei.

I THOUGHT SO.
Foi o que imaginei.

I TIP MY HAT TO YOU.
Tiro o chapéu pra você.

I TOLD HIM OFF.
Eu disse umas verdades a ele.

I TOLD YOU SO.
Eu bem o disse.

I TOOK A POWDER.
Dei no pé.

I TRUST NOBODY.
Não confio em ninguém.

I VAGUELY REMEMBER.
Lembro vagamente.

I WAS AFRAID OF THAT.
Eu já esperava por essa.

I WAS EMBARRASSED TO DEATH.
Quase morri de vergonha.

I WAS FLOORED!
Cai do cavalo!

I WAS LEFT HOLDING THE BAG.
Fiquei a ver navios.

I WAS ONLY KIDDING.
Eu estava só brincando.

I WAS PASSED UP.
Fui passado pra trás.

I WAS STUNNED!
Fiquei boquiaberto!

I WAS TAKEN IN.
Fui na conversa.

I WAS THE GOAT.
Paguei o pato.

I WASN'T BORN YESTERDAY.
Não nasci ontem. Não sou tolo.

I WISH I COULD!
Quem me dera!

I WISH I HAD.
Antes tivesse.

I WISH I KNEW.
Quisera saber.

I WISH IT WERE SO.
Oxalá fosse assim.

I WISH YOU A LOT OF HAPPINESS.
Desejo-lhe muitas felicidades.

I WISH YOU VERY BEST OF LUCK.
Desejo-lhe muita sorte.

I WONDER!
Quisera saber!

I WONDER HOW.
Eu gostaria de saber como.

I WONDER WHAT HAPPENED.
Eu gostaria de saber o que aconteceu.

I WONDER WHEN.
Eu gostaria de saber quando.

I WONDER WHERE.
Eu gostaria de saber onde.

I WONDER WHO.
Eu gostaria de saber quem.

I WONDER WHO IT IS.
Quem será!

I WONDER WHY.
Eu gostaria de saber porque.

I WON'T BE LONG.
Não vou demorar.

I WON'T GO FOR THAT.
Não vou atrás disso.

I WORK FOR MYSELF.
Trabalho por conta própria.

I WOULDN'T DREAM OF IT.
Nem pense nisso.

I WOULDN'T KNOW.
Eu não saberia.

IF ALL GOES WELL.
Se tudo correr bem.

IF EVER SO LITTLE.
Por menos que seja.

IF EVERYTHING GOES ALL RIGHT.
Se tudo sair bem.

IF EVERYTHING WORKS OUT.
Se tudo der certo.

IF I AM NOT MISTAKEN.
Se não me engano.

IF I AM NOT TOO CURIOUS.
Se não for indiscrição.

IF I HAD ONLY KNOWN.
Se eu tivesse a idéia.

IF I REMEMBER CORRECTLY.
Se estou lembrado.

IF I REMEMBER RIGHT.
Se não me falha a memória.

IF I REMEMBER WELL.
Se estou bem lembrado.

IF IN DOUBT.
Em caso de dúvida.

IF IT IS CONVENIENT FOR YOU.
Se for conveniente para você.

IF IT SUITS YOU.
Se lhe convém.

IF IT WERE ONLY TRUE.
Se realmente fosse verdade.

IF IT WERE SO EASY.
Se fosse tão fácil assim.

IF IT WEREN'T FOR THAT.
Se não fosse por isso.

IF NECESSARY.
Se for preciso.

IF POSSIBLE.
Se for possível.

IF THAT WERE ALL IT WAS.
Se fosse só isso.

IF THAT IS THE CASE.
Se é assim.

IF THAT'S ALL THERE IS TO IT.
Se for só isso.

IF WORST COMES TO WORST.
Na pior das hipóteses.

IF YOU CARE TO.
Se você se importa.

IF YOU LIKE.
Se você quiser.

IF YOU PLEASE.
Tenha a bondade.

IF YOU DON'T MIND.
Se você não se importa.

IF YOU SAY SO.
Se assim dizes.

IF YOU WISH.
Se você quiser.

IF YOU WOULD PLEASE.
Seria um favor.

IF YOU'LL EXCUSE ME.
Queira desculpar-me.

– I'LL –

I'LL BE BACK IN A JIFFY.
Volto já.

I'LL BE BACK LATER.
Volto mais tarde.

I'LL BE BACK RIGHT AWAY.
Volto logo.

I'LL BE BACK SHORTLY.
Volto já.

I'LL BE BACK SOON.
Volto agora mesmo.

I'LL BE DARNED.
Macacos me mordam.

I'LL BE DELIGHTED.
Com todo o prazer.

I'LL BE GLAD TO.
Com muito prazer.

I'LL BE GLAD TO HELP YOU.
Terei muito prazer em ajudá-lo.

I'LL BE GOING.
Vou indo.

I'LL BE HANGED.
Macacos me mordam.

I'LL BE HAPPY TO.
Será um prazer.

I'LL BE HOME ALL DAY.
Vou ficar em casa o dia todo.

I'LL BE LEAVING.
Vou embora.

I'LL BE ON MY WAY.
Estarei a caminho.

I'LL BE PLEASED TO GO.
Terei prazer em ir.

I'LL BE RIGHT BACK.
Volto já.

I'LL BE RIGHT OVER.
Já vou lá.

I'LL BE RIGHT THERE.
Já vou lá.

I'LL BE RIGHT WITH YOU.
Já vou atendê-lo.

I'LL BE SEEING YOU!
Até à vista!

I'LL BE THERE.
Estarei lá.

I'LL BET YOU ANYTHING YOU WANT.
Aposto quanto quiser.

I'LL CALL BACK LATER.
Telefonarei mais tarde.

I'LL CALL YOU UP.
Eu lhe telefonarei.

I'LL COME AS SOON AS I CAN.
Virei o quanto antes.

I'LL DIE FIRST.
Prefiro morrer.

I'LL DO IT IN THE BEST WAY POSSIBLE.
Farei da melhor maneira possível.

I'LL DO IT MYSELF.
Eu mesmo o farei.

I'LL DO JUST THAT.
Farei isso mesmo.

I'LL DO MY BEST.
Farei todo o possível.

I'LL DO THE BEST I CAN.
Farei o melhor possível.

I'LL DO WHAT I CAN.
Farei quanto puder.

I'LL EAT MY HAT!
Macacos me mordam!

I'LL FIND A WAY.
Darei um jeito.

I'LL FIX IT.
Vou dar um jeito.

I'LL FIX YOU UP.
Darei um jeito para você.

I'LL GET BY.
Eu me arranjo.

I'LL GET EVEN WITH YOU!
Você me paga!

I'LL GET IN TOUCH WITH YOU.
Entrarei em contato com você.

I'LL GET IT IN THE NECK.
Vou levar a pior.

I'LL GET IT IN THE TEETH.
Vou levar na cabeça.

I'LL GET IT IN THE CHIN!
Vou entrar bem!

I'LL GIVE IT A TRY.
Vou tentar.

I'LL GIVE YOU A CALL.
Ligarei a você.

I'LL GIVE YOU A RING.
Eu telefonarei.

I'LL GIVE YOU THREE GUESSES.
Pode adivinhar três vezes.

I'LL GO ALL THE WAY.
Vou até o fim.

I'LL HAVE A GO AT IT.
Vou tentar mais uma vez.

I'LL HAVE TO.
Sou obrigado.

I'LL JOIN YOU LATER.
Encontro com você depois.

I'LL KEEP MY FINGERS CROSSED.
Vou torcer; fazer figa.

I'LL LET YOU KNOW.
Eu aviso você.

I'LL MAKE IT UP TO YOU.
Vou recompensá-lo.

I'LL NOTIFY YOU AS SOON AS I CAN.
Eu o aviso assim que souber.

I'LL SAY!
Eu que o diga!

I'LL SEE ABOUT IT.
Darei um jeito.

I'LL SEE TO IT.
Eu me encarrego disso.

I'LL SEE WHAT I CAN DO.
Vou ver o que posso fazer.

I'LL SLEEP ON IT.
Vou pensar no assunto

I'LL STRETCH A POINT.
Vou abrir uma exceção.

I'LL TAKE A CRACK AT IT.
Vou tentar.

I'LL TAKE A LOOK.
Vou dar uma olhada.

I'LL TAKE CARE OF IT.
Me encarrrego disso.

I'LL TAKE NOTE OF IT.
Vou tomar nota.

I'LL TAKE YOUR WORD FOR IT.
Confio na sua palavra.

I'LL TELL HIM TO HIS FACE!
Vou dizê-lo na cara!

I'LL TELL YOU LATER.
Depois eu conto.

I'LL TELL YOU WHAT?
Quer saber duma coisa?

I'LL THINK ABOUT IT.
Vou pensar no caso.

I'LL THINK IT OVER.
Vou pensar a respeito.

I'LL THINK THE MATTER OVER.
Vou refletir no assunto.

I'LL TRY MY BEST.
Farei todo o possível.

– I'M –

I'M A LITTLE SHORT OF MONEY.
Estou com pouco dinheiro.

I'M A STRANGER HERE.
Não sou daqui.

I'M AFRAID I CAN'T.
Lamento não poder.

I'M AFRAID IT'S TOO LATE.
Temo que seja tarde demais.

I'M AFRAID NOT.
Receio que não.

I'M AFRAID SO.
Receio que sim.

I'M AGAINST THAT.
Sou contra isso.

I'M ALL EARS.
Sou todo ouvidos.

I'M ALL IN.
Estou exausto.

I'M ALL MIXED UP.
Estou todo confuso.

I'M ALL RIGHT.
Estou bem.

I'M ALL SET.
Estou pronto.

I'M ALMOST THROUGH.
Estou quase no fim (de uma tarefe).

I'M AN OLD HAND AT IT.
Já sou tarimbado no assunto.

I'M ANNOYED WITH YOU.
Estou zangado com você.

I'M AT MY WIT'S END.
Estou numa pior (fria).

I'M AT YOUR DISPOSAL.
Estou ao seu dispor.

I'M BEGINNING TO SEE THE LIGHT.
Estou começando a entender.

I'M BEHIND WITH MY WORK.
Estou com o serviço atrasado.

I'M DELIGHTED.
Estou encantado.

I'M D I SAPPOINTED WITH YOU.
Estou decepcionado com você.

I'M DOWN ON MY LUCK.
Minha sorte está em baixa.

I'M FED UP!
Estou farto! Chateado!

I'M FINE!
Estou ótimo!

I'M FLAT BROKE.
Tô sem um tostão.

I'M GAME!
Eu topo!

I'M GAME FOR ANYTHING.
Topo qualquer parada.

I'M GETTING OFF.
Vou saltar (condução).

I'M GETTING THE HANG OF IT.
Estou pegando o jeito.

I'M GETTING OUT OF HERE!
Vou dar o fora daqui!

I'M GLAD TO KNOW.
Folgo em saber.

I'M GOING DOWNTOWN.
Vou ao centro (da cidade).

I'M GOING HOME.
Vou para casa.

I'M GOING NOW.
Já vou indo.

I'M GOING ON A TRIP.
Vou viajar.

I'M GOING OUT.
Vou sair.

I'M GOING STEADY.
Sou comprometido.

I'M GOING TO BE OPERATED ON.
Vou ser operado.

I'M GOING TO BED.
Vou dormir.

I'M GOING TO LEAVE NO STONE UNTURNED.
Vou mover céus e terras.

I'M GOING TO LOOK INTO THE MATTER.
Vou estudar o assunto. •

I'M GOING TO GET A HAIR CUT.
Vou cortar o cabelo.

I'M GOING TO TAKE STEPS.
Vou tomar medidas.

I'M GOING TO TAKE YOU AT YOU WORD.
Vou confiar em você.

I'M HALF WAY THROUGH.
Estou pela metade (tarefa).

I'M HARD UP.
Estou sem grana.

I'M HOMESICK.
Estou com saudades de casa.

I'M HOMEWARD BOUND.
Estou de regresso.

I'M IN A BAD FIX.
Estou numa pior.

I'M IN A HURRY.
Estou com pressa.

I'M IN A JAM.
Estou em apuros.

I'M IN A RUSH!
Tenho pressa!

I'M IN A TIGHT SPOT.
Estou em maus lençóis.

I'M IN GOOD HEALTH.
Estou bem de saúde.

I'M IN HOT WATER.
Estou na pior.

I'M IN MOURNING.
Estou de luto.

I'M IN LUCK.
Estou com sorte.

I'M IN POOR HEALTH.
Estou mal de saúde.

I'M IN THE DOG HOUSE.
Fiquei mal visto.

I'M IN THE DARK.
Estou "boiando".

I'M IN THE KNOW.
Estou por dentro.

I'M IN THE SWIM.
Estou a par da situação.

I'M JUST COMING FROM THERE.
Estou vindo de lá.

I'M JUST PASSING THROUGH.
Só estou de passagem.

I'M KILLING TIME.
Estou fazendo hora.

I'M KIND OF TIRED.
Estou meio cansado.

I'M LEAVING.
Estou de partida.

I'M LOSING WEIGHT.
Estou emagrecendo.

I'M LUCKY.
Tenho sorte.

I'M MISSING YOU.
Estou com saudades suas.

I'M MY OWN BOSS.
Sou meu próprio patrão.

I'M NONE THE WISER.
Estou na mesma.

I'M NOT AT ALL SATISFIED.
Não estou nada satisfeito.

I'M NOT CUT OUT FOR IT.
Não dou pra isso.

I'M NOT FEELING UP TO PAR.
Não há menor disposição.

I'M NOT GOING TO GIVE IN.
Não vou dar o braço a torcer.

I'M NOT GOING TO STICK MY NECK OUT.
Não entrar nessa fria.

I'M NOT GOING TO TAKE IT LYING DOWN.
Não dizer "amém".

I'M NOT GOING TO TAKE THE TROUBLE.
Não vou dar-me ao trabalho.

I'M NOT IN A HURRY.
Não tenho pressa.

I'M NOT IN FOR ANYBODY.
Não estou pra ninguém.

I'M NOT IN THE MOOD.
Não estou disposto.

I'M NOT MYSELF TODAY.
Hoje não estou numa boa.

I'M NOT QUITE SURE.
Não sei ao certo.

I'M NOT SLEEPY.
Estou sem sono.

I'M NOT THROUGH YET.
Ainda não terminei.

I'M NOT TO BLAME.
Não é minha culpa.

I'M NOT UP TO PAR.
Não estou a par.

I'M NUTS ABOUT GOING.
Estou louco pra ir.

I'M OF AGE.
Sou maior de idade.

I'M OFF.
Estou me mandando.

I'M OFF DUTY.
Estou de folga.

I'M ON A DIET.
Estou de regime.

I'M ON A TIGHTROPE.
Estou na corda bamba.

I'M ON A VERY TIGHT SCHEDULE.
Tenho um horário muito apertado.

I'M ON A VISIT.
Estou de visita.

I'M ON DUTY.
Estou de plantão; de serviço.

I'M ON LEAVE.
Estou de licença.

I'M ON PINS AND NEEDLES.
Estou no mato sem cachorro.

I'M ON THE INSIDE.
Estou por dentro.

I'M ON VACATION.
Estou de férias.

I'M ONLY TOO GLAD TO DO IT.
Eu o farei com muito prazer.

I'M OUT OF A JOB.
Estou desempregado.

I'M OUT OF LUCK.
Estou sem sorte.

I'M OUT OF PRACTICE.
Estou destreinado.

I'M OUT THE SWIM.
Estou por fora (da situação).

I'M OUT THE WOODS.
Estou fora de perigo.

I'M OVERJOYED!
Estou encantado!

I'M PRESSED FOR TIME.
Estou com um pouco de pressa.

I'M PUTTING ON WEIGHT.
Estou engordando.

I'M QUITE SURE.
Tenho plena certeza.

I'M SELF EMPLOYED.
Trabalho por conta própria.

I'M SLEEPY.
Estou com sono.

I'M SOAKED TO THE SKIN.
Estou molhado como um pinto.

I'M SOAKING WET.
Estou molhado como um pinto.

I'M SORRY!
Sinto muito!

I'M SORRY I'M LATE.
Desculpe-me pelo atraso.

I'M STARVED!
Tô morrendo de fome!

I'M SURPRISED AT YOU.
Eu não esperava isso de você.

I'M THE ONE WHO'S WRONG.
Eu é que estou errado.

I'M THROUGH WITH YOU!
Pra mim você já era!

I'M TIED UP.
Estou ocupado.

I'M UNCERTAIN.
Estou em dúvida.

I'M UNDER AGE.
Sou menor de idade.

I'M UNDER MEDICAL TREATMENT.
Estou sob tratamento médico.

I'M UNDER THE WEATHER.
Estou adoentado.

I'M UP IN THE AIR.
Estou por fora.

I'M UP TO MY EARS IN WORK.
Estou metido no trabalho até às orelhas.

I'M USED TO IT.
Já estou acostumado.

I'M UPSET.
Estou chateado.

I'M VERY GRATEFUL TO YOU.
Fico-lhe muito grato.

— IN —

IN A BIG WAY.
Em grande escala.

IN A FIT OF ANGER.
Num aceso de raiva.

IN A FLASH!
Num instante!

IN A FRIENDLY WAY.
De uma maneira amigável.

IN A GENERAL WAY.
De um modo geral.

IN A HURRY.
Às pressas.

IN A JIFFY.
Num instante.

IN A LITTLE WHILE.
Dentro em pouco.

IN A MOMENT.
Daqui a pouco.

IN A NUTSHELL.
Em poúcas palavras.

IN A PINCH.
Num aperto.

IN A RUSH.
Às pressas.

IN A SENSE.
De certo modo.

IN A SHORT TIME.
Dentro de pouco tempo.

IN A SHORT WHILE.
Em pouco tempo.

IN A SMALL WAY.
Em pequena escala.

IN A WAY.
De certo modo.

IN ADVANCE.
Com antecedência.

IN ALL LIKELIHOOD.
Segundo todas as probabilidades.

IN ALL MODESTY.
Modéstia a parte.

IN ALL PROBABILITY.
Segundo todas as probabilidades.

IN ALL RESPECTS.
Sob todos os pontos de vista.

IN ANY EVENT.
Haja o que houver.

IN ANY WAY.
Em qualquer sentido.

IN BLACK AND WHITE.
Por escrito.

IN ANY RESPECT.
Em qualquer sentido.

IN BRIEF.
Em resumo.

IN BROAD DAYLIGHT.
Em plena luz do dia.

IN COLD BLOOD.
A sangue frio.

IN CRITICAL CONDITION.
Em estado grave.

IN DESPAIR.
Em desespero de causa.

IN DIFFERENT WAYS.
De diversas maneiras.

IN DUE COURSE.
No seu devido tempo.

IN EVERY WAY.
Em qualquer sentido.

IN EVERY RESPECT.
Em qualquer sentido.

IN FORCE.
Em peso.

IN FULL.
Na íntegra.

IN FUN.
Por brincadeira.

IN DUE TIME.
No seu devido tempo.

IN GOOD TIME.
Oportunamente.

IN GREAT HEAPS.
Aos montes.

IN GREAT HASTE.
À toda pressa.

IN MANY WAYS.
Em muitos aspectos.

IN MOST CASES.
Na maioria dos casos.

IN NO TIME.
Fora de época; inoportuno.

IN NOTHING FLAT.
Num instante.

IN OUTLINE.
Em resumo.

IN PLAIN CLOTHES.
À paisana.

IN PLAIN ENGLISH.
Sem rodeios.

IN PRINCIPLE.
Em princípio.

IN PROCESS OF TIME.
Com o decorrer do tempo.

IN SELF-DEFENSE.
Em legítima defesa.

IN SHORT.
Em síntese.

IN SOME MEASURE.
Em parte.

IN SOME RESPECTS.
Sob certos aspectos.

IN SPITE OF ALL.
Apesar de tudo.

IN STRICTEST CONFIDENCE.
No maior sigilo.

IN THE ACT.
Em flagrante.

IN THE COURSE OF TIME.
Com o decorrer do tempo.

IN THE BEGINNING.
No começo.

IN DAYTIME.
Durante o dia.

IN THE DISTANCE.
Ao longe.

IN THE END.
No fim.

IN THE FLESH.
Em pessoa; pessoalmente.

IN THE FULL SENSE OF THE WORD.
Na plena acepção da palavra.

IN THE HIGHEST DEGREE.
No mais alto grau.

IN THE LAST ANALYSIS.
Em última análise.

IN THE LATEST STYLE.
No rigor da moda.

IN THE LONG RUN.
Com o tempo.

IN THE NEAR FUTURE.
Em futuro próximo.

IN THE NICK OF TIME.
Na hora H.

IN THE PRIME OF LIFE.
Na plenitude da vida.

IN THE SAME WAY.
Da mesma forma.

IS ANYTHING THE MATTER?
Há algum problema.

IS IT A DEAL?
Está combinado?

IS IT FAR?
É longe?

IS THAT ALL?
É só isso?

IS THAT ALL RIGHT?
Está bem assim?

IS THAT CLEAR?
Está claro?

IS THAT RIGHT?
É mesmo? Será?

IS THAT SO?
É mesmo? Ah, é?

IS THAT WHAT YOU MEAN?
Você fala sério? É isso então?

IS THERE ANYTHING ELSE YOU'D LIKE?
Deseja mais alguma coisa?

IS THERE ANYTHING I CAN DO FOR YOU?
Posso ajudar em algo?

IS THIS SEAT TAKEN?
Este lugar está ocupado?

ISN'T THAT DISGUSTING?
Não é de amargar?

– IT –

IT ALL CAME OUT FINE.
Saiu tudo bem.

IT ALWAYS HAPPENS THAT WAY.
É sempre assim.

IT AMOUNTS TO THE SAME THING.
Dá no mesmo.

IT ANSWERS THE PURPOSE.
Isso serve ao fim.

IT BEATS ME!
Fico encucado! Não entendo!

IT BRINGS BAD LUCK.
Dá azar.

IT BRINGS LUCK.
Dá sorte.

IT CAME INTO MY HEAD TO DO THAT.
Deu-me na telha fazê-lo.

IT CAN'T BE HELPED.
Não há jeito.

IT CAN'T BE TRUE.
Não pode ser verdade.

IT CAME OUT OF THE BLUE.
Caiu do céu.

IT COMES IN HANDY.
Vem a calhar.

IT COMES TO THE SAME THING,
Dá no mesmo.

IT COST ME A PRETTY PENNY.
Custou-me um dinheirão.

IT COULD BE TRUE.
Pode ser que seja verdade.

IT COULD HAVE HAPPENED TO ANYBODY.
Poderia ter acontecido com qualquer um.

IT DEPENDS ON YOU.
Depende de você.

IT DIDN'T WORK OUT.
Não deu certo. Não funcionou.

IT DOESN'T AGREE WITH ME.
Pra mim não dá.

IT DOESN'T DO ANY GOOD!
Não leva a nada. Não adianta!

IT DOESN'T MAKE SENSE.
Não faz sentido.

IT DOESN'T MATTER.
Não importa; não faz mal.

IT DOESN'T PAY OFF.
Não compensa.

IT DOESN'T PLEASE ME.
Não me agrada.

IT DOESN'T SEEM POSSIBLE!
Parece incrível!

IT DOESN'T SEEM RIGHT TO ME.
Não parece direito.

IT DOESN'T SUIT ME.
Não me convém.

IT DOESN'T WORK.
Não funciona.

IT FELL THROUGH.
Não deu certo.

IT GETS MY GOAT!
Isso me irrita!

IT GIVES ME THE GREEPS!
Dá-me calafrios!

IT GETS ON MY NERVES.
Irrita-me.

IT GIVES ME THE SHAKES.
Dá-me calafrios.

IT GOES WITHOUT SAYING.
Não é preciso dizer.

IT GOES AGAINST MY GRAIN.
Não é do meu feitio.

IT HAPPENS ALL IN A LIFE TIME.
Só acontece uma vez na vida.

IT HAPPENS IN THE BEST OF FAMILIES.
Isto acontece nas melhores famílias.

IT ISN'T AS BAD AS ALL THAT.
Não é tão ruim assim.

IT ISN'T LIKE THAT.
Não é assim.

IT ISN'T TO MY LIKING.
Não é do meu gosto.

IT ISN'T WORTH ANYTHING.
Não vale nada.

IT KNOCKED THE BOTTOM OUT OF ME.
Me tirou todo o ânimo.

IT LEAVES MUCH TO BE DESIRED.
Deixa muito a desejar.

IT LEAVES NOTHING TO BE DESIRED.
Não deixa nada a desejar.

IT LOOKS LIKE IT.
É o que parece.

IT LOOKS LIKE RAIN.
Parece que vai chover.

IT MAKES MY MOUTH WATER.
Me dá água na boca.

IT MAKES NO DIFFERENCE.
Tanto faz.

IT MAKES NO SENSE AT ALL.
Não tem pé nem cabeça.

IT MAKES ONE'S FLESH CREEP.
É de arrepiar.

IT MAKES ONE'S HAIR STAND ON END.
É de arrepiar.

IT MATTERS A LOT.
Importa muito.

IT MAY BE SO.
Talvez seja assim.

IT MATTERS LITTLE.
Um pouco importa.

IT MAY BE TRUE.
Talvez seja verdade.

IT MIGHT HAVE BEEN WORSE.
Poderia ter sido pior.

IT MIGHT WORK.
Talvez dê certo.

IT MUST BE.
Sem dúvida é; deve ser.

IT MUST BE DONE.
É preciso ser feito.

IT NEVER CROSSED MY MIND.
Nunca me passou pela cabeça.

IT NEVER RAINS BUT IT POURS.
A desgraça nunca vem só.

IT PAYS OFF.
Compensa.

IT PLEASES ME.
Me agrada.

IT PUZZLES ME.
Fico confuso.

IT NEVER OCCURED TO ME.
Jamais me ocorreu.

IT REMAINS TO BE SEEN.
Estou para ver.

IT REQUIRES KNACK.
É preciso ter manha; jeito.

IT RUNS IN THE FAMILY.
Está no sangue.

IT SEEMS ALL RIGHT.
Parece bem.

IT SEEMS NOT.
Parece que não.

IT SEEMS SO.
Parece que sim.

IT SEEMS THAT WAY.
É o que parece.

IT SELLS LIKE HOT CAKES.
Vende bem; tem ótima saída.

IT SERVES YOU ALL RIGHT.
Bem feito! (reprovação)

IT SLIPPED MY MIND.
Me fugiu da memória.

IT SOUNDS ALL RIGHT.
Parece aplausível.

IT SPEAKS FOR ITSELF.
Fala por si.

IT STANDS TO REASON.
É lógico; é claro.

IT SURELY IS!
É mesmo!

IT TAKES A LONG TIME.
Demora muito.

IT TAKES ALL KINDS.
Neste mundo há de tudo.

IT TAKES TWO TO MAKE A QUARREL.
Quando um não quer, dois não brigam.

IT TAKES TWO TO TANGO.
Quando um não quer, dois não brigam.

IT TAKES ALL SORTS TO MAKE A WORLD.
Há de tudo nesse mundo.

IT TURNED OUT BAD.
Saiu mal.

IT WAS A MISUNDERSTANDING.
Foi um mal-entendido.

IT WAS A PLEASURE.
Foi um prazer.

IT WAS ALL IN VAIN.
Foi tudo em vão.

IT WAS NICE MEETING YOU.
Foi um prazer conhecê-lo.

IT WAS NICE SEEING YOU AGAIN.
Foi um prazer vê-lo novamente.

IT WAS QUITE UNINTENTIONAL.
Foi sem querer.

IT WASN'T ANYTHING.
Não, nada.

IT WENT UP IN SMOKE.
Não deu em nada.

IT WILL BE A PLEASURE.
Será um prazer.

IT WILL BE FUN.
Será divertido.

IT WILL BE TOUGH.
Vai ser fogo!

IT WILL COME OUT RIGHT.
Vai dar certo.

IT WILL COST A MINT!
Vai custar uma nota!

IT WILL DO.
Serve; servirá.

IT WILL TURN OUT RIGHT AT THE END.
No fim vai dar tudo certo.

IT WON'T DO.
Não vai dar. Não serve.

IT WON'T LAST FOREVER.
Um dia a casa cai.

IT WON'T LAST LONG.
Não vai durar muito.

IT WON'T TAKE LONG.
Não vai demorar.

IT WON'T WORK.
Não vai funcionar.

IT WORKED OUT!
Deu certo!

IT WOULD BE WISER.
Seria mais aconselhável.

IT WOULD HAVE BEEN BETTER.
Teria sido melhor.

IT WOULD HAVE BEEN WORSE.
Teria sido pior.

IT WOULDN'T DO ANY GOOD.
Não adiantaria em nada.

– IT'S –

IT'S A BARGAIN.
É um bom negócio.

IT'S A CINCH! (Gíria)
É barbada!

IT'S A DEAL.
Está combinado.

IT'S A DROP IN THE BUCKET.
É uma gota no oceano.

IT'S A GAS!
É demais!

IT'S A GOOD IDEA.
É uma boa idéia.

IT'S A GOOD SIGN.
É um bom sinal.

IT'S A HARD LIFE.
É uma vida dura.

IT'S A HARD NUT TO CRACK.
É um osso duro de roer.

IT'S A LOT OF FUN.
É muito divertido.

IT'S A MATTER OF HABIT.
É uma questão de hábito.

IT'S A MATTER OF LIFE AND DEATH.
É uma questão de vida ou morte.

IT'S A MATTER OF LUCK.
É uma questão de sorte.

IT'S A PAIN IN THE ASS.
É de amargar.

IT'S A MATTER OF OPINION.
É uma questão de opinião.

IT'S A MATTER OF PRACTICE.
É uma questão de prática.

IT'S A MATTER OF PRINCIPLE.
É uma questão de princípio.

IT'S A MATTER OF TASTE.
É questão de gosto.

IT'S A MATTER OF TIME.
É questão de tempo.

IT'S A MATTER THAT DOESN'T CONCERN ME.
É algo que não me diz respeito.

IT'S A PAIN IN THE NECK.
É muito chato.

IT'S A PITY.
É uma pena.

IT'S A PLEASURE.
É um prazer.

IT'S A QUESTION OF MONEY.
É questão de dinheiro.

IT'S A SHAME!
É uma vergonha!

IT'S A SMALL WORLD.
Como esse mundo é pequeno.

IT'S A WASTE OF TIME.
É tempo perdido.

IT'S A WHITE ELEPHANT.
É um presente de grego.

IT'S A WILD GOOSE CHASE.
É algo inútil de se tentar.

IT'S ABOUT TIME.
Já é tempo."

IT'S ABSOLUTELY CERTAIN!
É "batata"; é certo!

IT'S ALL FIXED.
Está tudo resolvido.

IT'S ALL OVER.
Está tudo acabado.

IT'S ALL PART OF THE GAME.
São os ossos do ofício.

IT'S ALL RIGHT!
Tudo bem!

IT'S ALL RIGHT WITH ME.
Para mim tudo bem.

IT'S ALL THE SAME TO ME.
Pra mim tanto faz.

IT'S ALMOST TIME.
Está quase na hora.

IT'S ALWAYS THAT WAY.
É sempre assim.

IT'S AMAZING!
É impressionante!

IT'S AN UNPLEASANT AFFAIR.
É um caso desagradável.

IT'S AS BROAD AS IT'S LONG.
É a mesmíssima coisa.

IT'S AWFUL!
É horrível!

IT'S BAD MEDICINE!
É fogo!

IT'S BEDTIME.
Está na hora de dormir.

IT'S BEEN A LONG TIME.
Faz tanto tempo!

IT'S BEEN A PLEASURE.
Foi um prazer.

IT'S BEING NICE MEETING YOU!
Foi um prazer conhecê-lo!

IT'S BEING TAKEN CARE OF.
Está sendo providenciado.

IT'S BETTER THAT WAY.
É melhor assim.

IT'S BORING!
Que chato!

IT'S BOUND TO HAPPEN.
Está fadado a acontecer.

IT'S CHICKEN FEED.
É uma minharia.

IT'S CHILD'S PLAY.
É sopa! Muito fácil!

IT'S COMING DOWN IN BUCKETS.
Chove torrencial.

IT'S DOUBTFUL.
É duvidoso.

IT'S DRIZZLING.
Está choviscando.

IT'S EASIER SAID THAN DONE.
É mais fácil dizer do que fazer.

IT'S EITHER YOU OR ME.
Ou você ou eu.

IT'S EXCEEDINGLY PROVOKING.
É estremamente irritante.

IT'S FAIR.
É justo.

IT'S FOGGY.
Está cerrado (o tempo).

IT'S FOR REAL.
É pra valer.

IT'S FOR RIGHT NOW.
É pra já.

IT'S FREE.
É gratuito.

IT'S FUN.
É divertido.

IT'S GETTING COLD.
O tempo está esfriando.

IT'S GETTING DARK.
Está escurecendo.

IT'S GETTING HOT.
O tempo está esquentando.

IT'S GETTING LATE.
Está ficando tarde.

IT'S GOOD TO SEE YOU.
Prazer em vê-lo.

IT'S GREEK TO ME.
É Grego para mim (estou por fora).

IT'S HARD TO BELIEVE.
É difícil de acreditar.

IT'S HARD TO TELL.
É difícil de afirmar.

IT'S HARDLY POSSIBLE.
É quase impossível.

IT'S HOPELESS.
Não há jeito.

IT'S IN FASHION.
Está na moda.

IT'S IN STYLE.
Está na moda.

IT'S IN THE BAG.
Está no papo.

IT'S IN THE CARDS.
Está escrito.

IT'S INCREDIBLE!
É incrível!

IT'S JUST A LOT OF HOT AIR.
É muito papo-furado.

IT'S LIKE TALKING TO A WALL.
É falar com a parede.

IT'S LIKE WATER ON A DUCK'S BAG.
É malhar em ferro frio.

IT'S LIKELY TO HAPPEN.
É provável que aconteça.

IT'S ME!
Sou eu!

IT'S MEANINGLESS.
Não faz sentido.

IT'S MOST IMPORTANT.
É importantíssimo!

IT'S MOST UNLIKELY.
É muito improvável.

IT'S MY FAULT.
É minha culpa.

IT'S MY TURN.
É minha vez.

IT'S NEARBY.
Fica perto.

IT'S NICE TO SEE YOU AGAIN.
É um prazer vê-lo novamente.

IT'S NO FUN!
Não tem graça!

IT'S NO GO.
Não dá pé. Minxou.

IT'S NO GOOD.
Não serve.

IT'S NO GREAT SHAKES.
Não é lá grande coisa.

IT'S NO JOKE.
Não é brincadeira.

IT'S NO LAUGHING MATTER.
Não é motivo de riso.

IT'S NO LONGER OF INTEREST TO ME.
Não interessa mais.

IT'S NO PICNIC.
Não é nada fácil.

IT'S NO SKIN OFF MY BACK.
Não é da minha conta.

IT'S NO USE!
Não adianta!

IT'S NO USE CRYING OVER IT.
Não adianta chorar sobre o leite derramado.

IT'S NONE OF YOUR BUSINESS.
Não é da sua conta.

IT'S NOT FAIR.
Não é justo.

IT'S NOT FOR ME TO SAY.
Não cabe a mim dizer.

IT'S NOT HUMANLY POSSIBLE.
É humanamente impossível.

IT'S NOT LIKELY.
É pouco provável.

IT'S NOT MY FAULT.
Não é minha culpa.

IT'S NOT MY LINE.
Não é minha especialidade.

IT'S NOT PROPER.
Não fica bem.

IT'S NOT QUITE THAT.
Não é bem assim.

IT'S NOT SO HOT.
Não é lá grande coisa.

IT'S NOT SMALL POTATOES.
Não é bolinho (gíria).

IT'S NOT SURPRISING.
Não é de admirar.

IT'S NOT THAT EASY.
Não é tão fácil.

IT'S NOT TRUE.
Não é verdade.

IT'S NOT VERY LIKELY.
É pouco provável.

IT'S NOT WORTH A DARN.
Não vale nada.

IT'S NOT WORTH THE TROUBLE.
Não vale a pena.

IT'S NOT WORTH WHILE.
Não vale a pena.

IT'S NOTHING TO BOAST OF.
Não é lá essas coisas.

IT'S NOTHING TO WRITE HOME ABOUT.
Não é nada para apavorar.

IT'S A MUST.
É obrigatório.

IT'S O.K.
Está bem.

IT'S ON DISPLAY.
Está em exposição.

IT'S ON ME.
Deixa que eu pago.

IT'S ON THE HOUSE.
É por conta da casa.

IT'S ONLY HIS WAY.
É o jeito dele.

IT'S OUT OF FASHION.
Está fora de moda.

IT'S OUT OF MY WAY.
Fica fora de mão para mim.

IT'S OUT OF ORDER.
Pifou! Não funciona.

IT'S OUT OF STOCK.
Está em falta (mercadoria).

IT'S OUT OF STYLE.
Está fora de moda.

IT'S OUT OF THE ORDINARY.
É fora do comum.

IT'S OUT OF THE QUESTION.
Está fora de cogitação.

IT'S OUT OF THIS WORLD!
É coisa do outro mundo!

IT'S OVER!
Terminou!

IT'S OVER AND DONE WITH.
Isso é assunto encerrado.

IT'S QUITE ALL RIGHT.
Não foi nada (cortesia).

IT'S QUITE EVIDENT.
É evidente.

IT'S QUITE OBVIOUS.
É óbvio.

IT'S QUITE POSSIBLE.
É bem possível.

IT'S QUITE SIMPLE.
É muito simples.

IT'S RAINING CATS AND DOGS.
Chove a cântaros.

IT'S REAL COOL!
É uma "lenha"!

IT'S SAFE TO SAY.
Pode-se afirmar com certeza.

IT'S SO OBVIOUS IT HURTS.
Está na "cara".

IT'S SOMETHING TO THINK ABOUT.
É algo para se pensar.

IT'S STILL EARLY.
Ainda é cedo.

IT'S SUBJECT TO YOUR APPROVAL.
Depende de sua aprovação.

IT'S THE RIGHT THING TO DO.
É o que se deve fazer.

IT'S THE SAME OLD STORY.
É a história de sempre.

IT'S THE VERY BEST.
É incomparavelmente o melhor.

IT'S THE WORST OF ALL.
É o pior de todos.

IT'S TIME.
Está na hora.

IT'S TIME FOR ACTION.
É hora de agir.

IT'S TIME TO LEAVE.
Está na hora de partir.

IT'S TOO EARLY.
É muito cedo.

IT'S TOO EXPENSIVE.
É muito caro.

IT'S TOO FAR.
É muito longe.

IT'S TOO HOT TO HANDLE!
É uma barra!

IT'S TOO LATE.
É muito tarde.

IT'S TOO OBVIOUS.
Tá na cara; é óbvio.

IT'S TRASH!
É uma droga.

IT'S TRUE.
É verdade.

IT'S UNAVOIDABLE.
É um caso de força maior.

IT'S UNBEARABLY DULL!
É muito cacete!

IT'S UNBELIEVABLE!
É inacreditável!

IT'S UP TO DATE.
Está atualizado.

IT'S UP TO YOU.
Isso é com você.

IT'S VERY BAD.
É péssimo.

IT'S VERY LIKELY.
É bem provável.

IT'S WITHIN A STONE'S THROW.
Fica a um passo.

IT'S WITHIN REACH OF ALL.
Está ao alcance de todos.

IT'S WORTH SEEING.
Vale a pena ver.

IT'S WORTH WHILE.
Vale a pena.

IT'S YOUR TOUGH LUCK.
Azar seu.

IT'S YOUR TURN.
É a sua vez.

– J –

JOKING ASIDE.
Bricadeira a parte.

JUDGING FROM APPEARANCE.
A julgar pelas aparências.

JUST A BIT LONGER.
Falta pouco (tempo).

JUST A BIT MORE.
Falta pouco (quantidade).

JUST A FEW.
Apenas alguns.

JUST A LITTLE.
Só um pouquinho.

JUST A MINUTE!
Um momento!

JUST A MOMENT AGO.
Neste instante.

JUST A MOMENT, PLEASE.
Um momento, por favor.

JUST A WHILE AGO.
Há pouco (tempo).

JUST ABOUT.
Quase.

JUST AS I THOUGHT.
Tal como pensei.

JUST AS YOU PLEASE.
Como você quiser.

JUST ASK.
É só pedir.

JUST BEFORE.
Pouco antes.

JUST BEYOND.
Logo adiante.

JUST FOR CURIOSITY'S SAKE.
Apenas por curiosidade.

JUST FOR SHOW.
Só para inglês ver.

JUST GETTING ALONG.
Vai-se vivendo.

JUST IMAGINE!
Imagine só!

JUST IN CASE.
Por via das dúvidas.

JUST IN TIME.
Bem na hora.

JUST LIKE THAT.
Sem mais nem menos.

JUST LIKE THE OLD DAYS.
Como nos velhos tempos.

JUST NOW.
Há pouco (tempo).

JUST ONCE.
Uma vez só.

JUST ONE.
Um só.

JUST PRETEND.
Faça de conta.

JUST SAY SO.
É só você dizer.

JUST SAY THE WORD.
É só você dizer.

JUST THAT.
Nem mais nem menos.

JUST THE SAME.
O mesmo de sempre.

JUST THE TWO OF US.
Apenas nós dois.

JUST THERE.
Bem ali.

JUST THINK!
Imagine só!

JUST THIS ONCE.
Só essa vez.

JUST TOO BAD!
Que lástima!

– K –

KEEP A STIFF UPPER LIP.
Não dê-se por vencido.

KEEP AN EYE ON THINGS.
Tome conta de tudo.

KEEP COOL!
Fique numa boa!

KEEP IN TOUCH WITH ME.
Mantenha contato comigo.

KEEP IT UNDER YOUR HAT.
Isto é segredo.

KEEP OFF THE GRASS.
Não pise na grama.

KEEP OUT.
Entrada proibida.

KEEP OUT OF TROUBLE.
Não se meta em encrencas.

KEEP QUIET!
Fique quieto!

KEEP OUT OF THIS!
Não se intrometa!

KEEP SMILING.
Mantenha-se sorrindo.

KEEP STILL.
Não se mova.

KEEP THE BALL ROLLING.
Bola pra frente.

KEEP THE CHANGE.
Fique com o troco.

KEEP TO THE RIGHT.
Conserve à direita.

KEEP YOUR CHIN UP.
Não esmoreça.

KEEP YOUR EYES PEELED.
Fique atento.

KEEP YOUR NOSE TO THE GRINDSTONE.
Dê duro!

KEEP YOUR TEMPER.
Não perca a cabeça.

KEEP YOUR SEAT.
Fique sentado.

KEEP YOUR SHIRT ON!
Não se exalte!

KEEP YOUR TEMPER.
Controle-se.

KEEP YOUR VOICE DOWN!
Fale baixo!

KINDLY DO IT.
Tenha a bondade de fazê-lo.

KISS IT GOODBYE.
Dê por perdido.

– L –

LATE IN LIFE.
Em idade avançada.

LATER ON.
Logo mais.

LAY OFF!
Pare com isso!

LAZYBONES!
Preguiçoso!

LEAST SAID SOONEST MENDED.
Em boca fechada não entra mosca.

LEAVE IT TO ME.
Deixa comigo.

– 127 –

LESS AND LESS.
Cada vez menos.

LESS THAN EVER.
Menos que nunca.

LET BYGONES BE BYGONES.
O que passou, passou.

LET GEORGE DO IT.
Quem quiser que o faça.

LET IT BE.
Deixa pra lá.

LET IT GO AT THAT.
Deixa assim mesmo.

LET IT RIDE.
Deixe como está.

LET ME COMPLIMENT YOU ON YOUR SUCESS.
Permita que o felicite pelo seu sucesso.

LET ME HANDLE IT.
Deixe-me ver (providenciar).

LET ME HEAR FROM YOU.
Dê notícias.

LET ME KNOW.
Avise-me.

LET SLEEPING DOGS LIE.
Não mexa em casa de marimbondos.

LET THEM GO!
Que se vão! Deixa pra lá!

LET THINGS SLIDE.
Deixa o barco correr.

LET THIS BE A LESSON TO YOU.
Que isso lhe sirva de lição.

LET'S BE GOING.
Vamos indo.

LET'S BURY THE HATCHET.
Vamos fazer as pazes.

LET'S CALL A SPADE A SPADE
Falemos com franqueza.

LET'S CALL IT A DAY.
Por hoje chega.

LET'S CALL IT QUITS.
Vamos dar por encerrado.

LET'S CHANGE THE SUBJECT.
Mudemos de assunto.

LET'S CHIP IN!
Vamos fazer uma "vaquinha"!

LET'S COME TO THE POINT.
Vamos ao que interessa.

LET'S GET BACK TO THE POINT.
Voltemos à vaca fria.

LET'S GET DOWN TO BUSINESS.
Mãos à obra. Vamos ao que importa.

LET'S GET GOING!
Vamos indo!

LET'S GET IT OVER WITH.
Vamos terminar de uma vez.

LET'S GET STARTED!
Vamos lá! Comecemos com isto!

LET'S GET THE SHOW ON THE ROAD!
Mãos à obra! Vamos lá!

LET'S GET TO THE POINT.
Vamos ao que interessa.

LET'S GET TO WORK!
Mãos à obra!

LET'S GO!
Vamos!

LET'S GO FOR A WALK.
Vamos dar um passeio.

LET'S GO GET SOME COFFEE.
Vamos tomar um cafezinho.

LET'S GO HOME!
Vamos para casa!

LET'S GO IN.
Vamos entrar.

LET'S GO OUT.
Vamos sair.

LET'S HAVE A BITE TO EAT.
Vamos fazer uma boquinha.

LET'S HIT THE ROAD.
Camos indo; pé na estrada.

LET'S HOPE!
Oxalá!

LET'S HURRY!
Depressa! Vamos depressa!

LET'S LEAVE IT AT THAT.
Vamos deixar assim mesmo.

LET'S MAKE A DEAL.
Façamos um trato.

LET'S MAKE IT UP.
Vamos fazer as pazes.

LET'S NOT COMPLICATE MATTERS.
Não compliquemos as coisas.

LET'S NOT SPLIT HAIRS.
Não vamos discutir ninharias.

LET'S PUT AN END TO IT.
Fim de papo.

LET'S PUT THE CARDS ON THE TABLE.
Vamos abrir o jogo.

LET'S SEE...
Vejamos...

LET'S SEE HOW THE WIND BLOWS.
Vamos ver como estão as coisas.

LET'S SEE THE DATE.
Vamos marcar a data.

LET'S MAKE UP AGAIN.
Vamos fazer as pazes.

LET'S SETTLE THE CASE.
Vamos liquidar o assunto.

LET'S TALK BUSINESS.
Vamos tratar de negócios.

LIFE BEGINS AT FORTY.
A vida começa aos quarenta.

LIFE HAS MANY UPS AND DOWNS.
A vida tem seus altos e baixos.

LIFE IS A STRUGGLE.
A vida é uma barra.

LIFE IS FULL OF SURPRISES.
A vida é cheia de surpresas.

LIFE IS NOT ALL ROSES.
A vida não é um mar de rosas.

LIKE FATHER, LIKE SON.
Tal pai, tal filho.

LIKE HELL!
Uma ova!

LIKE MAD!
Feito louco!

LISTEN!
Ouça! Olhe aqui!

LITTLE BY LITTLE.
Aos poucos.

LIVE AND LET LIVE.
Viva e, deixe viver.

LONG AFTER.
Muito depois.

LONG A GO.
Há muito tempo.

LONG BEFORE.
Muito antes.

LOOK AT THAT!
Veja só!

LOOK BEFORE YOU LEAP.
Veja o que faz.

LOOK HERE!
Veja! Olhe aqui!

LONG LIVE THE QUEEN!
Viva a Rainha!

LOOK ON THE BRIGHT SIDE OF THINGS.
Veja as coisas pelo lado positivo.

LOOK OUT!
Cuidado!

LOOKS SWELL.
É uma boa.

LOTS OF FUN FOR YOU.
Bom divertimento.

LOVE IS BLIND.
O amor é cego.

LUCKY YOU!
Felizardo!

LUCK FOR YOU.
Sorte sua.

LUCKY STIFF!
Felizardo!

LUCKY YOU!
Você é que é feliz

LUNCH IS SERVED.
O almoço está servido.

– M –

MAKE HASTE SLOWLY.
Devagar se vai ao longe.

MAKE HAY WHILE THE SUN SHINES.
Aproveite enquanto é tempo.

MAKE IT QUICK!
Não demore!

MAKE IT SNAPPY!
Apresse-se!

MAKE THE MOST OF IT.
Aproveite ao máximo.

MAKE UP YOUR MIND.
Decida-se.

MAKE YOURSELF AT HOME.
Fique à vontade; sinta-se à vontade.

MAKE YOURSELF COMFORTABLE.
Fique à vontade.

MANY A TIME.
Muitas vezes.

MANY A TRUE WORD IS SPOKEN IN JEST.
Brincando se diz a verdade.

MARK MY WORDS.
Lembre-se do que digo.

MARRIAGE IS A LOTTERY.
Casamento é loteria.

MAY I?
Posso? Com licença?

MANY A LADY.
Muitas mulheres.

MAY I COME IN?
Posso entrar?

MAY I GET YOU ANYTHING?
Posso ajudar em algo?

MAY I HAVE A WORD WITH YOU?
Posso dar uma palavrinha com você?

MAY I HAVE THE FLOOR?
Posso falar? Peço a palavra!

MAY I HAVE THIS DANCE?
Posso ter o prazer? Quer dançar?

MAY I LEAVE A MESSAGE?
Posso deixar um recado?

MAY I SMOKE?
Posso fumar?

MAY I SPEAK TO YOU A MINUTE?
Posso falar-lhe um instante?

MAY I WAIT ON YOU?
Em que posso servi-lo?

MAY I WISH YOU THE SAME?
Posso desejar-lhe o mesmo?

MAYBE NEXT TIME.
Fica para outra vez.

MAYBE IT WOULD.
Talvez fosse.

ME NEITHER.
Nem eu.

ME TOO.
Eu também.

MEN SHALL NOT LIVE BY BREAD ALONE.
Nem só de pão vive o homem.

MERRY CHRISTMAS!
Feliz Natal!

MIGHT MAKE RIGHT.
Contra a força não há resistência.

MIND THE STEP!
Cuidado com os degraus!

MIND YOU!
Veja só!

MIND YOUR BUSINESS!
Cuide de sua vida! Fica na tua!

MISERY LOVES COMPANY.
Mal de muitos consolo é.

MISSION ACCOMPLISHED.
Missão cumprida.

MONEY CANNOT BUY HAPINESS.
Dinheiro não traz felicidade.

MONEY TALKS.
O dinheiro é que manda.

MORE AND MORE.
Cada vez mais.

MORE DEAD THAN ALIVE.
Mais mortos do que vivos.

MORE HASTE LESS SPEED.
A pressa é inimiga da perfeição.

MORE THAN EVER.
Mais do que nunca.

MOST CERTAINLY.
Com toda certeza.

MORE THAN ENOUGH.
De sobra.

MOSTLY LIKELY.
Muito provavelmente.

MOST OF ALL.
A maior parte; a maioria.

MOST OF THE TIME.
Na maioria das vezes.

MORE AND MORE.
Cada vez mais.

MUCH OBLIGED.
Muito agradecido.

MUM'S THE WORD!
Boca de siri!

MY!
Nossa!

MY BEST WISHES.
Meus votos de felicidade.

MY BEST WISHES TO YOUR FAMILY.
Minhas recomendações à sua família.

MY COMPLIMENTS!
Meus parabéns!

MY DEEPEST SYMPATHY.
Meus pêsames.

MY EYE!
Pois sim!

MY GOODNESS!
Puxa vida!

MY HOUSE IS YOUR HOUSE.
A casa é sua.

MY LORD!
Meu Deus!

MY PLEASURE.
O prazer é meu.

MY TIME IS FULLY ENGAGED.
Meu tempo está todo tomado.

– N –

NATURALLY!
Naturalmente!

NEITHER FOR, NOR AGAINST.
Nem pró nem contra.

NEITHER GOOD NOR BAD.
Nem bem nem mal.

NEITHER ONE
Nem um dos dois,

NEITHER ONE WAY OR ANOTHER.
Nem assim, nem assado.

NEVER AGAIN.
Nunca mais.

NEVER HEARD OF.
Nunca ouvi dizer.

NEVER JUDGE BY APPEARANCES.
Não julgue pelas aparências.

NEVER LOOK A GIFT HORSE IN THE MOUTH.
Cavalo dado não se olha os dentes.

NEVER MIND.
Deixa pra lá; não importa.

NEVER MIND THAT.
Deixe isso pra lá.

NEVER SAY DIE!
Jamais se desespere!

NEXT TO ME.
Depois de mim.

NICE SEEING YOU!
Prazer em vê-lo!

NICE TO KNOW YOU.
Prazer em conhecê-lo.

NICE TO MEET YOU.
Prazer em conhecê-lo.

NINE OUT OF TEN.
Nove entre dez.

NO ADMISSION.
Entrada proibida.

NO ADMITTANCE.
É proibido entrar.

NO BETTER AND NO WORSE.
Nem melhor, nem pior.

NO BOTHER AT ALL.
Incômodo nenhum.

NO CAN DO.
Não tem jeito.

NO DANGER OF THAT.
Não tem perigo.

NO NICE.
Nada feito.

NO DOUBT.
Sem dúvida.

NO DOUBT AT ALL.
Não há a menor dúvida.

NO ENTRANCE.
Entrada proibida.

NO FOOLING.
Fora de brincadeira.

NO GOOD WILL COME OF IT.
Daí não vai sair nada de bom.

NO HARD FEELINGS.
Sem constrangimentos.

NO HARM DONE.
Não foi nada (só susto).

NO JOKING.
Fora de brincadeira.

NO KIDDING!
Tá brincando!

NO LUCK.
Por falta de sorte.

NO MATTER HOW.
Não importa como.

NO MATTER THE COST.
Custe o que custar.

NO MATTER WHAT.
Não importa o que.

NO MATTER WHEN.
Não importa quando.

NO MATTER WHERE.
Não importa onde.

NO MATTER WHICH.
Não importa qual.

NO MATTER WHO.
Não importa quem.

NO MORE TALK!
Chega de papo!

NO NEED TO.
Não é preciso.

NO OFFENSE INTENDED.
Não tinha em mente ofender.

NO ONE CAN CONVINCE ME OTHERWISE.
Ninguém me convence ao contrário.

NO ONE IS TO KNOW.
Ninguém deve saber (segredo).

NO ONE KNOWS FOR SURE.
Ninguém sabe ao certo.

NO PARKING.
É proibido estacionar.

NO ROSE WITHOUT THORNS.
Não há rosa sem espinhos.

NO SMOKING.
É proibido fumar.

NO SOONER SAID THAN DONE.
Dito e feito.

NO STRINGS ATTACHED.
Sem qualquer compromisso.

NO SWEAT.
Sem qualquer esforço.

NO THOROUGHFARE.
Trânsito impedido.

NO TROUBLE AT ALL.
Sem qualquer problema.

NO TWO MEN ARE ALIKE.
Não há dois homens iguais.

NO USE CRYING ABOUT IT.
Não adianta chorar.

NO USE TRYING.
Nem adianta tentar.

NO VACANCIES.
Não há vagas.

NO WONDER!
Não é pra menos! Pudera!

NOBODY IS PERFECT.
Ninguém é perfeito.

NOBODY IS TO KNOW.
Não é pra ninguém saber.

NONE.
Nenhum.

NONE OF THAT.
Nada disso.

NONE SO BLIND AS THOSE WHO WON'T SEE.
O pior cego é aquele que não quer ver.

NONE SO DEAF AS THOSE WHO WON'T HEAR.
O pior surdo é aquele que não quer ouvir.

NONSENSE!
Bobagem!

NOR DO I BELIEVE IT.
Tão pouco creio eu.

NOT A BIT.
Nem um pouquinho.

NOT A CHANCE!
Sem essa! Que esperança!

NOT A FEW.
Muitos.

NOT A SQUEAK!
Nem um pio!

NOT AGAIN!
Puxa, outra vez!

NOT ALWAYS.
Nem sempre.

NOT ANYWHERE.
Em parte alguma.

NOT AT ALL.
Não há de que. Em absoluto.

NOT BAD.
Nada mau.

NOT BY A LONG SHOT.
Em hipótese alguma.

NOT BY THE REMOTEST CHANCE.
Nem por sombra.

NOT EITHER.
Também não.

NOT EVEN THAT.
Nem sequer isso.

NOT FOR LONG.
Não por muito tempo.

NOT FOR LOVE OR MONEY.
Por nada deste mundo.

NOT FOR SOME TIME.
Não por algum tempo.

NOT FOR THE LIFE OF ME.
Por nada deste mundo.

NOT FOR THE WORLD.
Por nada deste mundo.

NOT IN THE LEAST.
De maneira alguma.

NOT IN THE SLIGHTEST.
De jeito algum.

NOT JUST NOW.
No momento não.

NOT JUST YET.
No momento não.

NOT LONG AFTER.
Pouco depois.

NOT LONG AGO.
Há pouco tempo.

NOT ME.
Eu não.

NOT ME EITHER.
Eu tão pouco.

NOT EVEN YOU.
Nem mesmo você.

NOT QUITE.
Não é bem assim.

NOT QUITE YET.
Ainda não.

NOT REALLY.
Nem tanto.

NOT SO!
Não é nada disso!

NOT THAT I KNOW OF.
Que eu saiba não.

NOT THAT MUCH.
Não tanto assim.

NOT THAT WAY.
Desse jeito não.

NOT TO MY KNOWLEDGE.
Não é do meu conhecimento.

NOT YET.
Ainda não.

NOTHING AT ALL!
Absolutamente nada!

NOTHING AT THE MOMENT.
Por enquanto nada.

NOTHING DOING.
Nada feito.

NOTHING GOES RIGHT WITH ME.
Nada dá certo para mim.

NOTHING IMPORTANT.
Nada de importância.

NOTHING MUCH.
Pouca coisa.

NOTHING OF THE SORT.
Nada do gênero.

NOTHING TO SPEAK OF.
Nada a comentar.

NOTHING TURNS OUT RIGHT FOR ME.
Nada dá certo pra mim.

NOTHING VENTURED, NOTHING GAINED.
Quem não arrisca, não petisca.

NOW AND AGAIN.
Uma vez ou outra.

NOW AND THEN.
De vez em quando.

NOW I CATCH ON.
Agora que estou entendendo.

NOW I GET IT!
Ah, já sei!

NOW LOOK!
Olhe aqui!

NO REALLY!
Essa não!

NOW WE'LL SEE.
Agora é que eu quero ver.

NOW WE'RE EVEN.
Agora estamos quites.

NOW WHAT!
E agora!

NOW YOU ARE HITTING THE BALL.
Agora sim; você tá numa boa.

NOW YOU ARE TALKING.
Agora sim.

NOWHERE.
Em parte alguma.

NUTS!
Ora bolas!

OF ALL NERVE!
Cara de pau!

OF ALL THINGS!
Essa não!

OF ALL TIMES.
Logo agora.

OF COURSE!
Claro!

OF COURSE I LIKE IT!
Ora se gosto!

OF COURSE NOT.
Claro que não.

OF OLD AGE.
De velhice.

OFF AND ON.
De vez em quando.

OFF HAND I CAN'T REMEMBER.
Assim de repente, não lembro.

OH DEAR!
Meu Deus!

OH, GOODY!
Que bom!

OH MY!
Meu Deus!

OH MY GOD!
Minha nossa!

OH NO!
Essa não!

OH REALLY?
É mesmo, é? Ah é?

OH YEAH!
Pois sim!

ON A LARGE SCALE.
Em grande escala.

ON A SMALL SCALE.
Em pequena escala.

ON EMPTY STOMACH.
Em jejum.

ON ACCOUNT.
Por conta (negócios).

ON AND ON.
Sem cessar.

ON BAIL.
Sob fiança.

ON BUSINESS.
A negócios.

ON CONSIGNMENT.
Em consignação.

ON CREDIT.
A crédito.

ON DELIVERY.
Na entrega.

ON FOOT.
A pé.

ON GETTING UP.
Ao levantar.

ON GOING TO BED.
Ao deitar.

ON HORSEBACK.
A cavalo.

ON INSTALLMENTS.
A prazo.

ON LOCATION.
In loco.

ON LONG TERM.
A longo prazo.

ON MY RESPONSIBILITY.
Sob minha responsabilidade.

ON NO ACCOUNT.
De forma nenhuma.

ON ONE CONDITION.
Com uma condição.

ON PRINCIPLE.
Por principio.

ON SCHEDULE.
No horário.

ON SHORT TERM.
A curto prazo.

ON SIGHT.
À vista.

ON STRIKE.
Em greve.

ON SUSPICION.
Por suspeita.

ON THE AVERAGE.
Em média.

ON THE BOTTOM.
Em ponto (horário).

ON THE DOT.
Em ponto (horário).

ON THE CONTRARY.
Pelo contrário.

ON THE DOUBLE!
Já, já!

ON THE FLY.
Apressadamente.

ON THE LEFT.
À esquerda.

ON THE QUIET.
Às escondidas.

ON THE RIGHT.
À direita.

ON THE SIDE.
Nas horas vagas.

ON THE SLY.
Na surdina; às escondidas.

ON THE SPOT.
No ato; na hora.

ON THE SPUR OF THE MOMENT.
De improviso.

ON THE WAY BACK.
Na volta.

ON THE WAY THERE.
Na ida.

ON THE WHOLE.
De um modo geral.

ON TIPTOE.
Na ponta do pé.

ON TOP OF IT ALL!
Mais essa!

ON TRIAL.
Em julgamento; em experiência.

ON VACATION.
Em férias.

ONCE AGAIN.
Novamente.

ONCE AND FOR ALL.
De uma vez por todas.

ONCE MORE.
Mais uma vez.

ONCE IN A BLUE MOON.
Uma vez na vida, outra na morte.

ONCE ON A WHILE.
De vez em quando.

ONE AT A TIME.
Um de cada vez.

ONE CANNOT JUDGE FROM APPEARANCES.
As aparências enganam.

ONE DOES NOT DO THAT.
A gente não faz isso.

ONE DOES ONE'S BEST.
A gente faz o que pode.

ONE DOES WITH WHAT ONE HAS.
Quem não tem cão caça com gato.

ONE GETS USED TO EVERYTHING.
A gente se acostuma com tudo.

ONE GOOD TURN DESERVES ANOTHER.
Amor com amor se paga.

ONE MOMENT, PLEASE.
Um momento, por favor.

ONE MORE THING.
Outra coisa.

ONE MUST COME TO A DECISION.
Deve-se tomar uma decisão.

ONE NEVER KNOWS.
Nunca se sabe.

ONE OF THESE DAYS.
Um dia desses.

ONE OUGHT NOT BELIEVE ALL ONE HEARS.
Não se deve crer em tudo que se ouve.

ONE SWALLOW DOES NOT MAKE A SUMMER.
Uma andorinha só não faz verão.

ONE THING AT A TIME.
Uma coisa de cada vez.

ONE WAY OR ANOTHER.
De uma maneira ou de outra.

ONE WORD LEADS TO ANOTHER.
Conversa puxa conversa.

OOPS!
Opa!

OUCH!
Ai!

OUT OF CHARITY.
Por caridade.

OUT OF COMPASSION.
Por compaixão.

OUT OF CONSIDERATION.
Por consideração.

OUT OF CURIOSITY.
Por curiosidade.

OUT OF DEBT, OUT OF DANGER.
Quem não deve, não teme.

OUT OF DESPERATION.
Por desespero.

OUT OF DISGUST.
Por desgosto.

OUT OF FEAR.
De medo.

OUT OF FRIENDSHIP.
Por amizade.

OUT OF GRATITUDE.
Por gratidão.

OUT OF IGNORANCE.
Por ignorância.

OUT OF JEALOUSY.
Por ciúmes.

OUT OF KINDNESS.
Por bondade.

OUT OF NECESSITY.
Por necessidade.

OUT OF PITY.
Por piedade.

OUT OF PREJUDICE.
Por preconceito.

OUT OF REGARD.
Em consideração.

OUT FOR RESPECT.
Por respeito.

OUT OF REVENGE.
Por vingança.

OUT OF SIGHT, OUT OF MIND.
Longe dos olhos, longe do coração.

OUT OF SPITE.
Por despeito.

OUT OF VANITY.
Por vaidade.

OUT TO LUNCH.
Fechado para almoço.

OVER AND OVER AGAIN.
Repetidas vezes.

OVER THE RADIO.
Pelo rádio.

– P –

PARDON?
Como? Que disse?

PARDON ME?
Poderia repetir? Perdão!

PAY ATTENTION!
Preste atenção!

PAY NO ATTENTION!
Não ligue!

– 157 –

PENNIES MAKE DOLLAR.
De grão em grão a galinha enche o papo.

PERHAPS THAT WOULD BE BETTER.
Talvez isso seja melhor.

PERHAPS YOU ARE RIGHT.
Talvez você tenha razão.

PERISH THE THOUGHT!
Nem pensar!

PIPE DOWN!
Cale-se!

PLEASANT DREAMS!
Bons sonhos!

PLEASE ACCEPT MY APOLOGY.
Queira aceitar minhas desculpas.

PLEASE BE CAREFUL.
Por favor, tenha cuidado.

PLEASE BE PATIENT.
Por favor, tenha paciência.

PLEASE, BE QUIET.
Por favor, fique quieto.

PLEASE BE SEATED.
Por favor, sente-se.

PLEASE CHECK.
Tenha a bondade de conferir.

PLEASE COME AGAIN.
Por favor apareça sempre.

PLEASE COME WITH ME.
Queira acompanhar-me.

PLEASE DON'T BOTHER.
Por favor, não se incomode.

PLEASE DON'T TAKE IT WRONG.
Por favor, não leve a mal.

PLEASE EXCUSE ME.
Queira desculpar-me.

PLEASE EXCUSE ME A MOMENT.
Desculpe-me um momento.

PLEASE EXCUSE THE BOTHER.
Desculpe a amolação.

PLEASE FORGIVE ME.
Por favor, perdoe-me.

PLEASE HAVE A SEAT.
Queira sentar-se.

PLEASE INFORM ME.
Queira avisar-me.

PLEASE, LEAVE ME ALONE!
Por favor, deixe-me em paz!

PLEASE PAY THE CASHIER.
Por favor, pague no caixa.

PLEASE SIT DOWN.
Por favor, sente-se.

PLEASE SPEAK MORE SLOWLY.
Por favor, fale mais devagar.

PLEASE, WAIT A MOMENT.
Queira esperar um pouco.

PLEASED TO MEET YOU.
Prazer em conhecê-lo.

POOR FELLOW!
Coitado!

POOR ME!
Pobre de mim!

POOR THING!
Pobrezinho!

POOR YOU!
Coitado de você!

POST NO BILLS.
É proibido colocar cartazes.

PRACTICE MAKES PERFECT.
O uso faz o mestre.

PRECISELY.
Justamente.

PRETTY SOON.
Em breve.

PROCEED VERY CAREFULLY.
Proceda com muito cuidado.

PULL YOURSELF TOGETHER!
Recomponha-se!

PUT IT OFF FOR A MOMENT.
Ponha-o de lado por um momemto.

PUT THAT IN YOUR PIPE AND SMOKE IT.
Fique sabendo disto.

PUT YOUR FOOT DOWN.
Faça pé firme.

PUT YOUR SHOULDER TO THE WHEEL!
Não esmoreça! Esforça-te!

PUT YOURSELF IN MY PLACE!
Coloque-se em meu lugar!

– Q –

QUICK!
Despressa!

QUIET!
Silêncio!

QUITE A BIT.
Um bocado.

QUITE A BIT BIGGER.
Bem maior.

QUITE A BIT SMALLER.
Bem menor.

QUITE A CROWD!
Uma multidão e tanto!

QUITE A FEW.
Muitos.

QUITE A LONG TIME.
Bastante tempo.

QUITE A LOT.
Bastante; muitos.

QUITE A MAN!
Um homem e tanto!

QUITE A WOMAN!
Uma mulher e tanto!

QUITE AN IDEA!
Ótima idéia!

QUITE RIGHT.
Absolutamente certo.

QUITE SO.
Isto mesmo.

QUITE THE CONTRARY.
Muito pelo contrário.

QUITE UNWILLINGLY.
De má vontade.

QUITE WILLINGLY.
De boa vontade.

– R –

RAIN OR SHINE.
Chova ou faça sol.

RATHER THE CONTRARY.
Antes pelo contrário.

REALLY!
É mesmo!

– 162 –

REGARDS TO YOUR FAMILY.
Lembranças à sua família.

RELAX!
Relaxe! Calma!

REMARKABLE!
Grande! Notável!

RIDE THE TIDE.
Aproveite a onda.

RIGHT!
Certo!

RIGHT AFTERWARDS.
Logo depois.

RIGHT AT THE START.
Logo no começo.

RIGHT AWAY.
Já; imediatamente.

RIGHT HERE.
Aqui mesmo.

RIGHT NOW.
Agora mesmo.

RIGHT OFF THE BAT.
De cara.

RIGHT OVER THERE.
Logo ali.

RIGHT THERE.
Aí mesmo.

RIGHT THIS MINUTE.
Neste instante.

RISE AND SHINE.
Cresça e apareça.

ROTTEN LUCK!
Que azar!

RUBBISH!
Que insignificante!

– S –

SAFE AND SOUND.
São e salvo.

SAVE YOUR BREATH.
Não adianta falar. Nada de papo.

SAVED BY THE BELL.
Salvo pelo gongo.

SAYS YOU!
Só porque você quer!

SCARCELY EVER.
Quase nunca.

SCRAM!
Dê o fora; se manda!

SEE FOR YOURSELF.
Veja você mesmo.

SEE YOU IN HELL!
Vá pro inferno!

SEE YOU LATER.
Até logo.

SEE YOU SOON.
Até já.

SEE YOU THERE.
Até lá.

SEE YOU TOMORROW.
Até amanhã.

SET A DATE.
Marque uma data.

SET A TIME.
Marque uma hora.

SEVERAL TIMES.
Várias vezes.

SHAKE BEFORE USING.
Agite antes de usar.

SHALL WE GO?
Vamos?

SHAME ON YOU!
Você não se acanha?

SHOOT THE WORKS!
Manda brasa!

SHORTLY AFTER.
Pouco depois.

SHORTLY BEFORE.
Pouco antes.

SHOW HIM IN.
Mande-o entrar.

SHUCKS!
Ora bolas!

SHUT UP!
Cale-se!

SILENCE GIVES CONSENT.
Quem cala consente.

SHORTLY AFTERWARDS.
Pouco depois.

SILENCE IS GOLDEN.
O silêncio é de ouro.

SINCE WHEN?
Desde quando?

SINK OR SWIM.
Ou vai ou racha.

SIT DOWN!
Sente-se!

SIT UP AND TAKE NOTICE.
Abra os olhos (observação).

SKIP IT!
Pula essa. Deixa pra lá.

SLEEP TIGHT.
Durma bem.

SLIGHTLY BIGGER.
Ligeiramente maior.

SLIGHTLY SMALLER.
Ligeiramente menor.

SLOWLY BUT SURELY.
Devagar e sempre.

SO BE IT.
Assim seja.

SO FAR.
Até agora.

SO FAR SO GOOD.
Até agora, tudo bem.

SO HELP ME GOD.
Deus me proteja.

SO I HEARD.
Assim ouvi dizer.

SO IT IS!
Pois é!

SO IT SEEMS.
É o que parece.

SO LONG!
Tchau; até logo!

SO LONG, FOLKS!
Tchau pessoal!

SO MANY TIMES.
Tantas vezes.

SO MUCH THE BETTER.
Tanto melhor.

SO MUCH THE WORSE.
Tanto pior.

SO, SO.
Mais ou menos.

SO SOON?
Já? Tão cedo?

SO THAT'S IT.
Então é isso.

SO THEY SAY.
É o que dizem.

SO THEY TELL ME.
Assim me dizem.

SO WHAT?
E daí?

SOME OTHER TIME.
Fica para outra vez.

SOME TIME AGO.
Algum tempo atrás.

SOME (PEOPLE) THINK SO.
Há quem pense assim.

SOMEHOW OR OTHER.
De uma maneira ou de outra.

SOMETHING THE MATTER?
Que houve? Há algum problema?

SOMETHING WRONG?
Algo errado?

SOON AFTER.
Logo depois.

SORRY!
Perdão! Desculpe!

SORRY, I KEPT YOU WAITING.
Desculpe-me tê-lo feito esperar.

SORRY TO TROUBLE YOU.
Sinto incomodá-lo.

SORRY, WRONG NUMBER.
Desculpe, engano (telefonema).

SPEAK UP!
Fale mais alto!

STAND UP!
Levante-se! Fique de pé!

STANDING ROOM ONLY.
Lotação só em pé.

STAY OUT OF THIS!
Não se meta!

STEP ON IT!
Toca pra frente!

STICK TO THE POINT.
Atenha-se ao assunto.

STILL WATERS RUN DEEP.
As aparências enganam.

STOP THAT!
Para com isso!

STOP THIEF!
Pega ladrão!

STRAIGHT FROM THE SHOULDER.
Com toda franqueza; sem rodeios.

STRANGE AS IT SEEMS.
Por estranho que pareça.

STRIKE WHILE THE IRON IS HOT.
Aproveite enquanto é tempo.

SUCH IS LIFE.
São coisas da vida.

SUIT YOURSELF.
Como quiser.

SUITS ME.
Agrada-me; a mim convém.

SURE ENOUGH.
De fato; realmente.

SURE THING!
Claro!

SWELL!
Legal!

SWELL IDEA!
Ótima idéia!

– T –

TAKE A LOOK.
Dê uma olhada.

TAKE A SEAT.
Sente-se.

TAKE CARE!
Tenha cuidado!

TAKE CARE OF YOURSELF.
Cuide-se.

TAKE IT EASY!
Calma! Não esquente!

TAKE IT FROM A FRIEND.
Quem avisa amigo é.

TAKE IT OR LEAVE IT.
Ame-o ou deixe-o.

TAKE IT OR LEAVE IT.
Pegue ou largue.

TAKE FROM ME.
Ouça o que lhe digo.

TAKE IT WITH A GRAIN OF SALT.
Confie desconfiando.

TAKE MY ADVICE.
Aceite meu conselho.

TAKE MY TIP.
Vá por mim.

TAKE MY WORD FOR IT.
Dou-lhe minha palavra.

TAKE NO NOTICE OF IT.
Não ligue.

TAKE THE BULL BY THE HORN.
Esforce-se; vá enfrente.

TAKE THE OPPORTUNITY.
Aproveite a oportunidade.

TAKE THINGS EASY.
Leve na esportiva.

TAKE YOUR CHANCE.
Arrisque a sorte.

TAKE YOUR TIME.
Não se apresse.

TALK IS CHEAP.
Falar é fácil.

TALKING IS ONE THING; DOING ANOTHER.
Falar é uma coisa, fazer é outra.

TELL ME HOW THINGS ARE.
Conte-me como vão as coisas.

TELL THAT TO THE MARINES.
Vá contar isso a outro.

THANK GOD.
Graças a Deus.

THANK YOU SO MUCH.
Muitissímo obrigado.

THANKS A LOT.
Muito obrigado.

THANKS A MILLION.
Muitíssimo obrigado.

THANKS ALL THE SAME.
Agradeço da mesma forma.

THANKS FOR CALLING.
Obrigado pelo telefonema.

THANKS FOR COMING!
Obrigado pela visita!

THANKS FOR EVERYTHING.
Obrigado por tudo.

THANKS FOR LETTING ME KNOW.
Obrigado pelo aviso.

THANKS FOR TELLING ME.
Obrigado pelo aviso.

THANKS FOR THE HOSPITALITY.
Grato pela hospitalidade.

THANKS FOR YOUR KINDNESS.
Grato pela sua gentileza.

THANKS I HAVE HAD ENOUGH.
Obrigado, estou satisfeito.

THAT BEATS ALL!
É o cúmulo!

THAT CAN WAIT.
Haverá oportunidade.

THAT COMES TO THE SAME THING.
Dá no mesmo.

THAT DEPENDS ON YOU.
Depende de você.

THAT DOESN'T CONCERN ME.
Não me diz respeito.

THAT DOESN'T COUNT.
Não leve em consideração.

THAT DOESN'T HELP AT ALL.
Isso não adianta nada.

THAT DOESN'T MEAN A THING.
Isso não quer dizer nada.

THAT GETS MY COAT.
Isso me irrita.

THAT GETS ON MY NERVES.
Isso me irrita.

THAT MAY BE THE CASE.
Talvez seja assim.

THAT SETTLES THE MATTER.
Isso liquida tudo (o assunto).

THAT TAKES THE CAKE!
Essa é a maior!

THAT LEAVES MUCH TO BE DESIRED.
Isto deixa muito a desejar.

THAT WAY.
Por ali.

THAT WILL BE THE DAY.
Só no dia em que o sol nascer quadrado.

THAT WILL DO FOR THE PRESENT.
Por ora é suficiente.

THAT WON'T DO ANY GOOD.
Isso não adianta.

THAT WON'T WORK.
Isso não dará certo.

THAT WORRIES ME.
Isso preocupa-me.

THAT WOULD BE FINE.
Será ótimo.

THAT WOULD BE GREAT.
Seria uma boa.

THAT WOULD BE NICE.
Seria bom.

THAT'LL DO THE TRICK.
Isso resolve o problema.

THAT'S A BIT STIFF!
Essa é forte!

THAT'S CONFORTING THOUGHT.
Faz bem à mente.

THAT'S A DEAL.
Está combinado.

THAT'S A DROP IN THE BUCKET.
É uma gota no oceano.

THAT'S A GOOD IDEA.
É uma boa idéia.

THAT'S A GOOD ONE.
É uma ótima.

THAT'S A HORSE OF A DIFFERENT COLOR.
São outros quinhentos.

THAT'S A MILITARY SECRET.
Isso é segredo de estado.

THAT'S A NEW ONE FOR ME.
Essa é nova para mim.

THAT'S ALL.
Isso é tudo.

THAT'S ALL FOR NEEDED.
Era só o que faltava.

THAT'S ANOTHER STORY.
Isso outros quinhentos.

THAT'S ASKING TOO MUCH.
Isso é pedir demais.

THAT'S BAD.
Isso é mal.

THAT'S BESIDE THE POINT.
Isso não vem ao caso.

THAT'S BESIDE THE QUESTION.
Isso não vem ao caso.

THAT'S ALL FOR TODAY.
Por hoje chega.

THAT'S BETTER.
Assim é melhor.

THAT'S CARRYING THINGS A BIT TOO FAR.
Isso já está passando do limite.

THAT'S CRAZY.
Isso é loucura.

THAT'S EASIER SAID THAN DONE.
É mais fácil falar do que fazer.

THAT'S EASILY SAID.
É fácil falar.

THAT'S ENOUGH!
Chega! Basta!

THAT'S FINE!
Ótimo!

THAT'S FOR SURE.
Com toda certeza.

THAT'S GOING TOO FAR.
Isso é demais.

THAT'S GREAT!
Formidável!

THAT'S HALF THE BATTLE.
Já é meio caminho andado.

THAT'S HARD TO BELIEVE.
É difícil de acreditar.

THAT'S HARD TO SAY.
É difícil dizer.

THAT'S HARDLY PROBABLE.
É pouco provável.

THAT'S HARDLY THE ISSUE.
Isto não vem ao caso.

THAT'S HOW.
Assim é como se faz.

THAT'S HOW IT GOES.
É assim mesmo.

THAT'S IT!
É isso aí!

THAT'S JUST IT.
É isso mesmo.

THAT'S JUST LIKE YOU.
Tal qual você.

THAT'S JUST THE POINT.
Aí é que está a questão.

THAT'S LIFE.
São coisas da vida.

THAT'S LUCKY FOR ME.
Sorte minha.

THAT'S MORE THAN I BARGAINED FOR.
É mais do que eu esperava.

THAT'S MY BUSINESS.
Isso é assunto meu.

THAT'S NEITHER HERE NOR THERE.
Isso não vem ao caso.

THAT'S NO LAUGHING MATTER.
Não é de bricadeira.

THAT'S NO NEWS TO ME.
Isso não é novidade.

THAT'S NO WAY TO ACT.
Isso não é modo de agir.

THAT'S NONE OF YOUR BUSINESS.
Isso não é da sua conta.

THAT'S NOT AT ALL BAD.
Não é nada mau.

THAT'S NOT FAIR.
Não é justo.

THAT'S NOT IN MY LINE.
Isso não é minha especialidade.

THAT'S NOT MY AFFAIR.
Não tenho nada com isso.

THAT'S NOT THE POINT.
Não se trata disso.

THAT'S NOT THE WORST.
Isso é o de menos.

THAT'S NOT TRUE.
Não é verdade.

THAT'S NO BUSINESS OF MINE.
Eu não tenho nada como isso.

THAT'S OUT OF THE QUESTION.
Isso está fora de cogitação.

THAT'S QUITE ANOTHER MATTER.
Isso é outro assunto.

THAT'S QUITE ENOUGH.
É suficiente; é bastante.

THAT'S QUITE IMPROBABLE.
É pouco provável.

THAT'S QUITE POSSIBLE.
É bem possível.

THAT'S QUITE PROBABLE.
É bem provável.

THAT'S RIDICULOUS!
Que ridículo!

THAT'S RIGHT.
Isso mesmo.

THAT'S SAYING A LOT.
É bem significativo.

THAT'S STRANGE.
Isso é estranho.

THAT'S THE FLY IN THE OINTMENT.
Esse é o mal.

THAT'S THE IDEA.
Essa é a intenção.

THAT'S THE LAST THING I SHOULD DO.
Essa é a última coisa que eu faria.

THAT'S THE LIMIT!
É o cúmulo!

THAT'S THE STUFF!
Isso sim!

THAT'S THE THING.
O negócio é esse.

THAT'S THE TROUBLE.
Esse é o problema.

THAT'S THE WAY I AM.
Sou assim mesmo.

THAT'S THE WAY IT GOES.
É assim mesmo.

THAT'S THE WAY IT IS.
É assim mesmo.

THAT'S THE WAY TO DO IT.
Eis como funciona.

THAT'S THE WORST OF IT.
Este é lado crítico da coisa.

THAT'S TOO BAD.
Que lástima; é uma pena.

THAT'S TOO LITTLE.
É muito pouco.

THAT'S TRUE.
É verdade.

THAT'S UNDERSTOOD.
Subentende-se.

THAT'S VERY NICE OF YOU.
É muita gentileza sua.

THAT'S WATER UNDER THE BRIDGE.
São águas passadas.

THAT'S WHAT I'M AFRAID OF.
É isto que receio.

THAT'S WHY.
Eis o motivo; por isso.

THAT'S WONDERFUL!
Que maravilha!

THAT'S YOUR BUSINESS.
Isso é assunto seu.

THAT'S YOUR IMAGINATION.
Impressão sua; são frutos de sua imaginação.

THAT'S YOUR TOUGH LUCK.
Azar seu.

THE BEST IS CHEAPEST IN THE END.
O barato sai caro.

THE BEST IS YET TO COME.
O melhor está por vir.

THE CUSTOMER IS ALWAYS RIGHT.
O freguês sempre tem razão.

THE DAY WILL COME.
Não faltará ocasião.

THE DIE IS CAST.
A sorte está lançada.

THE EARLY BIRD CATCHES THE WORM.
Deus ajuda a quem cedo madruga.

THE EXCEPTION PROVES THE RULE.
A exceção prova a regra.

THE EYES ARE THE MIRROR OF THE SOUL.
Os olhos são o espelho da alma.

THE FEWER THE BETTER.
Quanto menos, melhor.

THE GRASS IS ALWAYS GREENER ON THE OTHER SIDE.
A galinha do vizinho é sempre a
mais gorda.

THE LATER THE WORSE.
Quando mais tarde pior.

THE LEAST POSSIBLE.
O menos possível.

THE MAIN THING.
O principal.

THE MORE ONE HAS THE MORE ONE WANTS.
Quanto mais se tem, mais se quer.

THE MORE THE BETTER.
Quanto mais, melhor.

THE MORE THE MERRIER.
Quanto mais, tanto mais alegre.

THE NAKED TRUTH.
A verdade nua e crua.

THE PLEASURE IS MINE.
O prazer é meu.

THE PLEASURE WAS MINE.
O prazer foi meu.

THE POINT IS THIS.
A questão é essa.

THE QUESTION BOILS DOWN TO THIS.
A questão resume-se nisso.

THE RIGHT MAN IN THE RIGHT PLACE.
O homem certo no lugar certo.

THE SAME OLD STORY.
A cantiga de sempre.

THE SAME ONE.
O mesmo.

THE SAME TO YOU.
Igualmente. Da mesma forma.

THE SOONER THE BETTER.
Quanto mais cedo melhor.

THE SQUEAKY WHEEL GETS THE MOST GREASE.
Quem não chora, não mama.

THE TIME IS PAST.
Já passou o tempo.

THE TREAT IS ON ME.
Deixa que eu pago.

THE UNEXPECTED ALWAYS HAPPENS.
Acontece quando menos se espera.

THE VERY BEST.
O melhor de todos.

THE VERY IDEA!
Que idéia!

THE VERY WORST.
O pior de todos.

THERE YOU ARE!
Aqui está.

THERE'S A GOOD TIME COMING.
Dias melhores virão.

THERE'S A LIMIT TO EVERYTHING.
Há limite pra tudo.

THERE'S A SUCKER BORN EVERY MINUTE.
Nesse mundo tem bobo pra tudo.

THERE'S ALWAYS A FIRST TIME.
A gente sempre entra (fria).

THERE'S ALWAYS ROOM FOR ONE MORE.
Onde come um, comem dois.

THERE'S AN EXCEPTION TO EVERY RULE.
Não há regra sem exceção.

THERE'S MONEY IN IT.
Isso dá dinheiro.

THERE'S MUCH TO BE DONE.
Há muito a ser feito.

THERE'S NO DOUBT ABOUT IT.
Não resta a menor dúvida.

THERE'S NO HURRY.
Não tem pressa.

THERE'S NO IN BETWEEN.
Não há meio termo.

THERE'S NO KNOWING.
Não há jeito de saber.

THERE'S NO OTHER CHOICE.
Não há outro jeito.

THERE'S NO OTHER WAY.
Não há outro jeito.

THERE'S NO PLACE LIKE HOME.
Não há lugar como a nossa casa.

THERE'S NO QUESTION ABOUT IT.
Não há dúvida sobre isso.

THERE'S NO TIME TO LOSE.
Não há tempo a perder.

THERE'S NO TRUTH IN IT.
Não há nada de verdade nisto.

THERE'S NO USE ARGUING.
Não adianta discutir.

THERE'S NO USE INSISTING.
Não adianta insistir.

THERE'S NOT A SHADOW OF DOUBT.
Não há a menor dúvida.

THERE'S NOTHING LEFT.
Não sobrou nada.

THERE'S NOTHING NEW.
Não há novidade.

THERE'S NOTHING TO IT.
Não tem nada haver.

THERE'S SOMETHING FISHY.
Aí tem coisa.

THERE'S STILL A LOT TO BE DONE.
Ainda há muito para ser feito.

THERE'S THE RUB.
Aí é que está o negócio.

THINGS ARE IN A BAD WAY.
As coisas andam mal.

THINGS ARE LOOKING BLACK.
As coisas andam feias.

THINGS HAVE TURNED OUT BADLY.
As coisas correm mal.

THINGS HAVE TURNED OUT WELL.
Tudo corre bem.

THINK IT OVER.
Pense bem.

THIS I'LL HAVE TO SEE.
Essa eu quero ver.

THIS IS LIVING.
Isso é que é viver.

THIS IS NOT LIBERTY HALL.
Aqui não é a casa da sogra.

THIS MATTER DOES NOT CONCERN ME.
Esse assunto não me interessa.

THIS VERY DAY.
Hoje mesmo.

THIS VERY MINUTE.
Neste momento.

THIS WAY.
Por aqui.

THREE IS A CROWD.
Um é pouco, dois é bom, três é demais.

THROUGH CARELESSNESS.
Por negligência.

THROUGH NEGLECT.
Por descuido.

THROUGHOUT THE WORLD.
Por todo o mundo.

THROUGH THICK AND THIN.
Através de todos os obstáculos.

THUS FAR.
Até aqui.

TILL WHEN?
Até quando?

TIME AND AGAIN.
Repetidas vezes.

TIME IS MONEY.
Tempo é dinheiro.

TIME IS UP.
Tempo esgotado.

TIME WILL TELL.
O tempo dirá.

TIMES ARE HARD.
Os tempos estão difíceis.

TO A CERTAIN EXTENT.
Até certo ponto.

TO A GREAT EXTENT.
Em grande parte.

TO ALL APPEARANCES...
Ao que tudo indica...

TO BEGIN WITH...
Para início de conversa...

TO EACH HIS OWN.
Gosto não se discute.

TO HELL WITH IT!
Que se dane!

TO MAKE MATTERS WORSE.
Por cúmulo da desgraça.

TO MY SURPRISE.
Para surpresa minha.

TO MY THINKING.
A meu ver.

TO PUT IT MILDLY.
Para não dizer coisa pior.

TO SAY THE LEAST OF IT.
É o mínimo que se pode dizer.

TO SOME EXTENT.
Até certo ponto.

TO THE BEST OF MY ABILITY.
O melhor que eu puder.

TO THE BEST OF MY KNOWLEDGE.
Que eu saiba.

TO THE END.
Até o fim.

TO THE FULLEST EXTENT.
Em plena acepção da palavra.

TO THE HIGHEST BIDDER.
A quem oferecer mais.

TO THE LEFT.
À esquerda.

TO THE LETTER.
Conforme manda o figurino. À risca.

TO THE RIGHT.
À direita.

TO THIS DAY.
Até hoje.

TO WHAT EXTENT?
Até que ponto?

TOPS!
Grande! Bacana!

TOUGH LUCK!
Que azar!

TWICE AS MANY.
O dobro.

TWO WRONGS DON'T MAKE A RIGHT
Um erro não se justifica.

UNDER AN ASSUMED NAME.
Com nome suposto.

UNDER LOCK AND KEY.
Debaixo de sete chaves.

UNDER NO CIRCUMSTANCES.
Em hipótese alguma.

UNDER REPAIR.
Em conserto.

UNDER SURVEILLANCE.
Sob vigilância.

UNDER THE CIRCUMSTANCES.
Diante das circunstâncias.

UNFORTUNATELY.
Infelizmente.

UNION IS STRENGHT.
A união faz a força.

UNLESS IT RAINS.
A não ser que chova.

UNLESS SOMETHING UNFORESEEN HAPPENS.
A não ser que haja imprevistos.

UNLUCKY AT CARDS, LUCKY AT LOVE.
Azar no jogo, sorte no amor.

UNTIL FURTHER NOTICE.
Até segunda ordem.

UNTIL QUITE RECENTLY.
Até pouco tempo atrás.

UNTIL THE NEXT TIME.
Até a próxima vez.

UNTIL WE MEET AGAIN.
Até outra vez.

UNTIL WHEN?
Até quando?

UP TO NOW.
Até agora.

UP TO THE EARS!
Até os cabelos!

UP TO THE PRESENT.
Até agora.

UP TO THIS MOMENT.
Até este momento.

UPON ARRIVING.
Ao chegar.

UPON LEAVING.
Ao sair.

UPON MY SOUL!
Juro pela minha alma!

UPON MY WORD!
Palavra de honra!

UPSIDE DOWN.
De cabeça para baixo.

VARIETY IS THE SPICE OF LIFE.
A variedade é o condimento da vida.

VERY GLAD TO KNOW YOU.
Muito prazer em conhecê-lo.

VERY NICE TO MEET YOU.
Muito prazer em conhecê-lo.

VERY PLEASED TO KNOW YOU.
Muito prazer em conhecê-lo.

VERY PLEASED TO MEET YOU.
Muito prazer em conhecê-lo.

VERY SOON.
Em breve.

WAIT A MINUTE!
Espere aí! Um momento!

WAKE UP!
Acorde!

WALLS HAVE EARS.
Paredes têm ouvidos.

WANNA BET?
Quer apostar?

WATCH OUT!
Cuidado!

WATCH YOUR MANNERS!
Comporte-se!

WATCH YOUR STEP.
Cuidado com o degrau; vá devagar.

WATCH YOUR TONGUE.
Veja o que diz.

WE ARE ALL IN THE SAME BOAT.
Estamos todos no mesmo barco.

WE ARE ON BAD TERMS.
Estamos com as relações rompidas.

WE LIVE AND LEARN.
Vivendo e aprendendo.

WEATHER PERMITTING.
Se o tempo permitir.

WELCOME TO OUR HOME.
Benvindo à nossa casa.

WELL?
Então?

WE'LL FIX IT.
Dá-se um jeito.

WE'LL MAKE IT ANOTHER DAY.
Fica para outro dia.

WE'LL SEE!
Veremos!

WE'LL SEE ABOUT THAT.
Daremos um jeito.

WET PAINT.
Tinta fresca.

WHAT A BAD BREAK!
Que falta de sorte!

WHAT A COINCIDENCE!
Que coincidência!

WHAT A DAY!
É hoje! (desabafo)

WHAT A DELIGHT!
Que delícia!

WHAT A DISGRACE!
Que desgraça!

WHAT A FALSE FRIEND!
Que amigo da onça!

WHAT A LUCKY BREAK!
Que sorte!

WHAT A MESS!
Que bagunça!

WHAT A NUISANCE!
Que amolação!

WHAT A PITY!
Que pena!

WHAT A QUESTION!
Ora, se gosto!

WHAT A RELIEF!
Que alívio!

WHAT A SCARE!
Que susto!

WHAT A SHAME!
Que vergonha!

WHAT A THING TO DO!
Que papelão!

WHAT AM I SUPPOSED TO DO?
Que devo fazer?

WHAT AM I TO DO?
Que devo fazer?

WHAT ARE THE TERMS?
Quais são as condições?

WHAT ARE YOU LOOKING FOR?
O que você está procurando?

WHAT BAD LUCK!
Que azar!

WHAT BAD WEATHER!
Que tempo ruim!

WHAT CAN I DO FOR YOU?
Em que posso servi-lo?

WHAT DO I CARE!
Que me importa!

WHAT DO YOU KNOW?
Sabes de alguma coisa?

WHAT DO YOU MAKE OF IT?
Que te parece?

WHAT DO YOU MEAN?
Que você quer dizer com isso?

WHAT DO YOU SAY?
Que você acha?

WHAT DO YOU SAY TO THAT?
Que me diz disso?

WHAT DO YOU TAKE ME FOR?
Que achas que sou?

WHAT DO YOU THINK OF IT?
Que te parece?

WHAT DO YOU WANT?
Que você quer?

WHAT DOES IT MATTER?
Que importa?

WHAT DOES THAT MEAN?
Que quer dizer isso?

WHAT ELSE?
Que mais?

WHAT FOR?
Para que?

WHAT FUN!
Que divertido!

WHAT GOOD IS IT?
Que adianta?

WHAT GOOD LUCK!
Que sorte!

WHAT HAVE YOU BEEN DOING?
Que você tem feito?

WHAT KIND OF A JOKE IS THIS?
Que brincadeira é essa?

WHAT NEXT?
Qual é a próxima?

WHAT NOW?
E agora?

WHAT OF?
De que?

WHAT OF IT?
E daí?

WHAT ON EARTH FOR?
A troco de que?

WHAT ROTTEN LUCK!
Mas que azar!

WHAT SEEMS TO BE THE TROUBLE?
Qual é o problema?

WHAT TIME CAN IT BE?
Que horas são?

WHAT TIME IS IT?
Que horas são?

WHAT TOUGH LUCK!
Que azar!

WHAT WILL BE WILL BE.
Que será será.

WHAT WILL YOU GAIN BY IT?
Que vantagem você leva nisso?

WHATEVER YOU SAY.
Você é quem manda.

WHATEVER YOU THINK BEST.
O que você achar melhor.

WHATEVER YOU WANT.
O que você quiser.

WHAT'S COOKING?
Qual é a novidade?

WHAT'S EATING YOU?
Qual é a bronca?

WHAT'S GOING ON?
O que há?

WHAT'S GOT INTO YOU?
Que deu em você?

WHAT'S IN IT FOR ME?
O que que eu ganho com isso?

WHAT'S IT ALL ABOUT?
De que se trata?

WHAT'S IT LIKE?
Que tal é? Como é que é?

WHAT IS IT TO ME?
Que me importa?

WHAT'S KEEPING YOU?
Que o detém?

WHAT'S NEW?
Que há de novo?

WHAT'S ON THE MOVIES?
Que está passando nos cinemas?

WHAT'S ON YOUR MIND?
O que se passa com você?

WHAT'S SO FUNNY?
Qual é a graça?

WHAT'S THAT GOT TO DO WITH ME?
O que isso tem a ver comigo?

WHAT'S THAT TO ME?
Que me importa isso?

WHAT'S THAT TO YOU?
Que você tem com isso?

WHAT'S THE BIG IDEA?
Que história é essa?

WHAT'S THE DOLLAR AT?
A quanto está o dólar?

WHAT'S THE GAG?
Qual é a piada?

WHAT'S THE HURRY?
Qual é a pressa?

WHAT'S THE IDEA?
Que negócio é esse?

WHAT'S THE MATTER?
Que é que há?

WHAT'S THE MATTER WITH YOU?
Que é que há com você?

WHAT'S THE POINT?
Que adianta isso?

WHAT'S THE RUSH?
Que pressa é essa?

WHAT'S THE TIME?
Que horas são?

WHAT'S THE TROUBLE?
Qual é o problema?

WHAT'S THE USE OF GETTING THAT WAY?
Que adianta ficar assim?

WHAT'S TODAY'S SPECIAL?
Qual é o prato-do-dia?

WHAT'S UP?
Que está acontecendo?

WHAT'S WRONG?
Que é que há?

WHAT'S WRONG WITH IT?
Qual é o inconveniente?

WHAT'S YOUR LINE?
Qual é o seu ramo? (negócios)

WHEN IT RAINS IT POURS.
A desgraça nunca vem só.

WHEN LEAST EXPECTED.
Quando menos se espera.

WHEN THE OPPORTUNITY PRESENTS ITSELF.
Quando se der a ocasião.

WHEN YOU LEAST EXPECT IT.
Quando a gente menos espera.

WHENEVER YOU WISH.
Quando você quiser.

WHENEVER POSSIBLE.
Sempre que possível.

WHERE ARE YOU BOUND FOR?
Onde você vai?

WHERE ELSE?
Onde mais?

WHERE FROM?
De onde?

WHERE THERE'S A WILL THERE'S A WAY.
Querer é poder.

WHERE THERE'S SMOKE THERE'S FIRE.
Onde há fumaça há fogo.

WHERE TO?
Para onde?

WHEREVER IT MAY BE.
Seja onde for.

WHEREVER YOU WISH.
Onde você quiser.

WHETHER YOU LIKE IT OR NOT.
Quer queira ou não.

WHICH DATE SUITS YOU?
Que data lhe convém?

WHICH IS THE NEAREST WAY?
Qual é o caminho mais próximo?

WHICH WAY?
Por onde?

WHICHEVER YOU PREFER.
Seja qual for que preferir.

WHICHEVER YOU THINK BEST.
O que você achar melhor.

WHO CAN IT BE?
Quem será?

WHO CARES?
Que interessa?

WHO ELSE?
Quem mais?

WHO FROM?
De quem?

WHO SHALL I SAY IS CALLING?
A quem devo anunciar?

WHO WOULD HAVE THOUGHT IT!
Quem diria!

WHOM DO YOU WISH TO SPEAK TO?
Com quem deseja falar?

WHOEVER IT MAY BE.
Seja quem for.

WHOSE IS IT?
De quem é?

WHOSE TURN IS IT?
De quem é a vez?

WHY BORROW TROUBLE?
Pra que arrumar encrenca?

WHY, CERTAINLY!
Mas sem dúvida! Mas claro!

WHY HURRY?
Para que tanta pressa?

WHY ME?
Logo eu?

WHY, OF COURSE!
Como não!

WHY ON EARTH?
A troco de que?

WHY, YES!
Mas sem dúvida! Mas claro!

WILL IT WORK?
Será que vai dar certo?

WILL THAT BE ALL RIGHT?
Está bem assim?

WILL THAT DO?
Servirá? Serve?

WILL YOU DO ME A FAVOR?
Quer fazer-me um favor.

WILL YOU JOIN ME?
Você está servido? Você é servido?

WILLINGLY OR UNWILLINGLY.
Por bem ou por mal.

WITH EASE.
Com facilidade.

WITH FLYING COLORS.
Com grande êxito.

WITH GREAT DIFFICULTY.
A muito custo.

WITH ME IT'S THE OPPOSITE.
Comigo é o contrário.

WITH RAGE.
De raiva.

WITH THE GREATEST OF EASE.
Com a maior facilidade.

WITH THE NAKED EYE.
A olho nu.

WITHIN AN ACE.
Por um triz.

WITHIN LIMITS.
Com moderação.

WITHIN THE BOUNDS OF POSSIBILITY.
Na medida do possível.

WITHOUT A HITCH.
Sem transtorno.

WITHOUT ANY TROUBLE.
Sem dificuldade.

WITHOUT ANY UNDUE PRAISE.
Sem nenhum favor.

WITHOUT FAIL.
Sem falta.

WONDERFUL!
Formidável! Maravilha!

WON'T YOU COME IN?
Faz favor de entrar.

WORSE AND WORSE.
Cada vez pior.

WORSE STILL.
Pior ainda.

WORSE YET.
Pior ainda.

WOULD THAT I COULD!
Quem me dera!

WOULD YOU BE KIND ENOUGH?
Quer ter a gentileza?

WOULD YOU BELIEVE IT?
Será possível?

WOULDN'T YOU KNOW IT?
Onde já se viu!

WOW!
Oba!

YOU ARE A DARLING!
Você é um amor!

YOU ARE ALL WET.
Você está redondamente enganado.

YOU ARE BARKING UP THE WRONG TREE.
Você está batendo em porta errada.

YOU ARE COMING AT THE RIGHT TIME.
Você chegou em boa hora.

YOU ARE FISHING FOR COMPLIMENTS.
Você está querendo elogios.

YOU ARE HOPELESS.
Você não tem jeito.

YOU ARE IN FOR IT.
Desta você não escapa.

YOU ARE JOKING!
Isso é piada!

YOU ARE JUST AS SWEET AS CAN BE.
Você é um doce de coco.

YOU ARE LUCKY.
Você tem muita sorte.

YOU ARE MISTAKEN.
Você está enganado.

YOU ARE NUTS.
Você está doido.

YOU ARE ONE OF THE FAMILY.
Você é de casa.

YOU ARE PLAYING THE FOOL.
Você tá·bancando o tolo.

YOU ARE PULLING MY LEG.
Você está caçoando de mim.

YOU ARE QUITE A STRANGER.
Você é bem esquisito.

YOU ARE QUITE RIGHT.
Você tem toda razão.

YOU ARE RIGHT.
Você tem razão.

YOU ARE RIGHT THERE.
Você tem toda razão.

YOU ARE SKATING ON THIN ICE.
Você está pisando em ovos.

YOU ARE TALKING THROUGH YOUR HAT.
Você está falando bobagens.

YOU ARE TELLING ME!
Disso sei eu!

YOU ARE THE BOSS.
Você é quem manda.

YOU ARE THE PICTURE OF HEALTH.
Você está vendendo saúde.

YOU ARE TOO MUCH FOR ME.
Você é demais! Não posso com você.

YOU ARE VERY KIND.
É muita bondade sua.

YOU ARE WASTING YOUR TIME.
Você está perdendo tempo.

YOU ARE WELCOME.
Não há de que; por nada; seja bem vindo!

YOU ARE WRONG.
Você está enganado.

YOU BET!
Bidu! Adivinhão!

YOU BET I KNOW!
Se sei!

YOU CAN BET YOUR LIFE ON IT.
Você pode ter certeza disso.

YOU CAN COUNT ON ME.
Pode contar comigo.

YOU CAN GO TO HELL.
Vá pro inferno!

YOU CAN REST AT EASE.
Pode ficar descansado.

YOU CAN SAY GOODBYE TO THAT.
Pode tirar isso da cabeça.

YOU CAN TAKE IT AT FACE VALUE.
Aceite como quiser.

YOU CAN TELL.
Isso se vê.

YOU CAN'T BE CAREFUL ENOUGH.
Todo cuidado é pouco.

YOU CAN'T EXPECT IT TO BE OTHERWISE.
Não se pode esperar outra coisa.

YOU CAN'T FOOL ME.
Você não me engana.

YOU CAN'T IMAGINE!
Você nem imagina!

YOU CAN'T PLEASE EVERYBODY.
Não se pode agradar a todos.

YOU CAN'T WIN THEM ALL.
Não se pode ganhar todas.

YOU DID RIGHT.
Você fez bem.

YOU DID WRONG.
Você fez mal.

YOU DIDN'T MISS ANYTHING.
Você não perdeu nada.

YOU DON'T CATCH ME.
Não entro nessa.

YOU DON'T HAVE TO.
Não é obrigatório.

YOU DON'T HAVE TO KEEP RUBBING IT IN.
Não é preciso repetir a toda hora.

YOU DON'T KNOW WHAT YOU'RE MISSING.
Você não sabe o que está perdendo.

YOU DON'T MEAN IT!
Não me diga! É brincadeira!

YOU DON'T SAY!
Não diga!

YOU GET THE QUEEREST IDEAS.
Você tem cada uma.

YOU HAVE A POINT THERE.
Aí você tem razão.

YOU HAVE GOT A SUSPICIOUS MIND.
Você é muito desconfiado.

YOU HAVE GOT IT MADE.
Você está com tudo.

YOU HAVE GUESSED IT.
Você adivinhou.

YOU HAVE MISSED THE WHOLE POINT.
Você não entendeu nada.

YOU HAVE GOT THE GIFT OF GAB.
Você é muito bom de bico.

YOU HAVEN'T CHANGED A BIT.
Você não mudou nada.

YOU HAVEN'T SEEN ANYTHING YET.
Você ainda não viu nada.

YOU HIT THE NAIL ON THE HEAD.
Você acertou em cheio.

YOU HOLD ALL THE ACES.
Você está com a faca e o queijo na mão.

YOU KNOW BEST.
Você é quem sabe.

YOU LEARN FROM YOUR MISTAKES.
É errando que se aprende.

YOU LUCKY DEVIL!
Sujeito de sorte!

YOU MADE YOUR POINT.
Você falou, está falado.

YOU MAY BE RIGHT.
Talvez você tenha razão.

YOU MAY REST ASSURED.
Pode ficar descansado.

YOU MISSED THE BUS.
Você bobeou.

YOU MISSED THE POINT.
Não é nada disso.

YOU MISUNDERSTOOD IT.
Você interpretou mal.

YOU NAME IT.
É só você dizer.

YOU NEVER CAN TELL.
Nunca se sabe.

YOU NEVER KNOW WHAT YOU'RE IN FOR.
Nunca se sabe o que vai acontecer.

YOU SAID A MOUTHFUL.
Você falou toda a verdade.

YOU SAID IT.
Você disse tudo.

YOU SAY THAT AGAIN.
Veja lá como fala.

YOU'LL SOON GET OVER IT.
Isso passa logo.

YOUR GOOSE IS COOKED!
Você está frito!

Impresso nas oficinas da
GRÁFICA EDITORA LTDA.
Rua Lagoa Bonita. 29 (sede própria)